Procuratorial Technicalization And Informatization

检察技术与信息化

2024年第2辑 · 总第56辑

总 主 编／张雪樵

执行主编／刘　喆

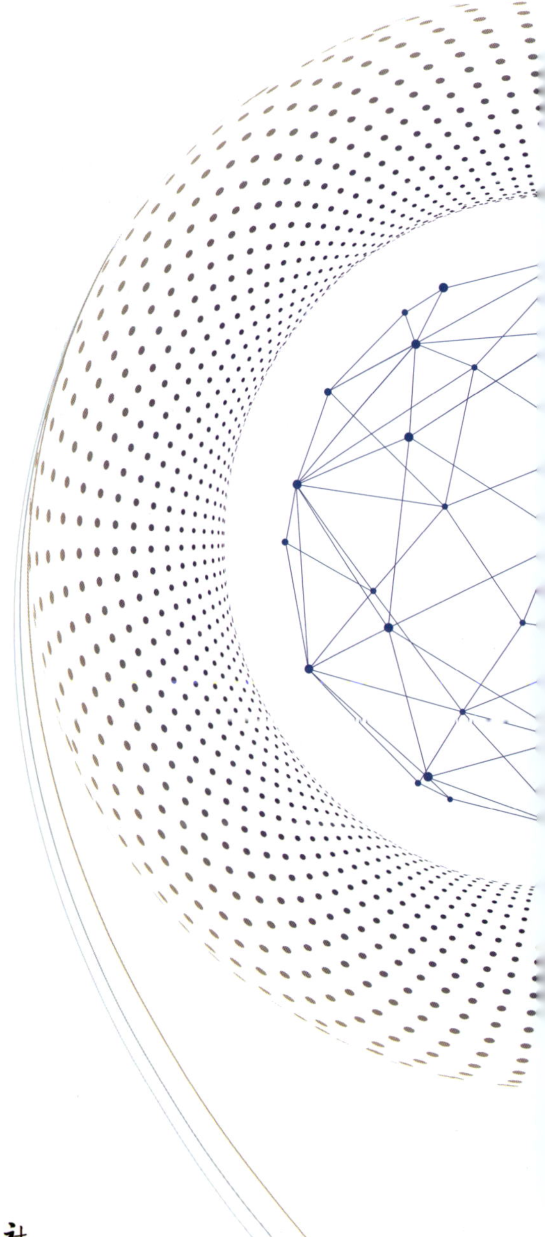

中国检察出版社

进一步做好公益诉讼检察工作和检察技术工作 切实发挥科技第一生产力作用（卷首语）*

最高人民检察院副检察长　张雪樵

在2023年7月17日全国生态环境保护大会上，习近平总书记强调“完善公益诉讼，加强生态环境领域司法保护”。我们要深入贯彻落实总书记这一重要工作部署，落实最高检党组提出的以检察工作现代化高质量发展推动中国式现代化。

党的二十大报告专门提出“完善公益诉讼制度”，检察公益诉讼法的制定列入了十四届人大的一类立法规划，立法条件已经成熟。检察公益诉讼制度全面推开以来，从无到有，从蹒跚起步到专门立法，实现了高增长、快发展。这块金功章，当然包含了检察技术作出的重要贡献。检察技术部门协助办理了南四湖等一批有影响力的高质效案件。南四湖湖区面积1266平方公里，流域面积3万多平方公里，单靠检察官用脚步去丈量不可能在短时间内精准发现污染点。在南四湖现场调查核实证据时，通过前期卫星遥感技术大面积的线索研判，借助这双科技之眼，我们在最短时间内精准发现最严重的污染点，科技力量成为检察官办案的最大底气。

我们回顾、肯定以往经验的同时，也要总结存在的不足之处。检察公益诉讼上升到立法，既是对我们工作的充分肯定，也是检察公益诉讼向高质量发展转型升级的重大历史机遇。机遇与挑战并存，我们必须牢牢把握时代机遇，以高质量工作应对挑战，杜绝诸如“水分案”“凑数案”搬起石头砸自己的脚等情形发生。

2018年“四大检察”提出后，2019年上半年在苏州召开的公益诉讼快速检测实验室建设座谈会，开始谋划推动公益诉讼检察技术办案，部署快速检测实验室建设，于江阴市检察院成立了全国第一家快速检测实验室。经过几年的发展，取得了一定的成绩。然而部分地区检测实验室建设滞后，建成的实验室作用发挥不充分，如何进一步做好生态环境公益诉讼检测实验室建设与应用工作有以下三点意见。

一、坚持目标导向，强化科技赋能，助力提升公益诉讼办案质效

党的二十大擘画了中国式现代化的蓝图，习近平总书记强调，“中国现代化关键在于科技现代化”。检察工作高质效发展，如果不重视科技、不重视信息化，仅仅靠传统的“白加黑”“5+2”模式的加班，难以实现中国检察现代化。检察公益诉讼是督促之诉，督促行政机关、监管部门履行职能，如果眼光不够犀利，指出问题不够精准，发挥监督之舵助推治理效能提升的目的就难以为继。荀子《劝学》有言：“君子性非

* 本文选自张雪樵副检察长在生态环境公益诉讼检测实验室建设督导电视电话会议上的讲话，有删减。

异也，善假于物也。”检察公益诉讼是协同之诉，从起步“创业”取得显著成效，很重要的一点是善于借助外力，实现内外协同。开展公益诉讼不能靠单打独斗，在不断增强自身能力的同时，要扩大“朋友圈”。公益诉讼办案，仅靠“眼睛看”“鼻子闻”“用嘴说”是远远不够的，要充分认识检察技术对办案的重要作用，实现检察工作现代化必须依靠科技赋能，没有捷径可走。

二、坚持问题导向，强化建用并重，加快推进检测实验室建设应用

2022 年 12 月，最高检下发《关于加强生态环境公益诉讼检测实验室建设的通知》，要求地市级检察院实现检测实验室全覆盖，目前只有 8 个省（区、市）完成建设任务，3 个省市任务完成率为 0，还有 6 个省市任务完成率不到 30%。从 2019 年部署快速检测实验室建设，已经 4 年多了，这样的“成果”值得我们好好反思。

快速检测和遥感应用等很多检察技术，门槛很低，不一定非要技术人员或是相关专业的技术人员来完成。2021 年，举办了全国检察机关公益诉讼勘验与快速检测技术竞赛活动，获奖选手既有检察技术部门的人员，也有公益诉讼部门的检察官或者检察官助理。公益诉讼创业时期，办案需要多面手，高质量案件需要复合型人才。最高检准备在全国建设一支“卫星遥感技术应用”队伍，每个市（地、州、盟）原则上要有一名懂得应用的人员，可以是直接办理环境资源公益诉讼案件的检察官或者检察官助理，或者法警，或者检察技术人员。公益诉讼部门要有责任意识，杜绝“等、靠、要”思维，充分发挥主观能动性，主动学习专业技术。通过持续不断地培训学习，不难成为某一方面的专家。还有部分省院提出资金及建设用地问题。快检设备从功能单一到复杂，涉及大气、土壤、水质、食品等多个领域应用。各地要根据公益诉讼办案实际需要以及保障能力，因地制宜、科学谋划。条件差的不需要配置高大上，可以各个基层院配置一个方面的设备，各家组成一个体系，办案时统筹利用，确保最大限度地利用好实验室设备资源，发挥技术支撑作用。如西北干旱地区，可优先考虑配备无人机或者大气污染快速检测设备，发挥其大范围地域勘验的优势。

“吾心信其可行，则移山填海之难，终有成功之日；吾心信其不可行，则反掌折枝之易，亦无收效之期也。”创业创新从来都离不开决胜的信心和攻坚克难的勇气。公益诉讼，包括检察技术，在创业阶段，开创者不能等不能靠，看到问题就要想办法去解决，看准方向就要想方设法去实现，我们要有主动出击的勇气，要有坚定不移战胜困难的信心。没有一蹴而就的成功，唯有坚持不懈的努力。

三、坚持系统思维，强化协作配合，不断提高依法履职的能力和水平

一是内外协同。公益诉讼检察技术办案要善于借助外力，实现借智发展。比如，最高检检察技术信息研究中心与中国科学院生态环境研究中心建立了联合实验室，与

中国食品药品检定研究院建立协作，江苏、浙江与本省的生态环境厅建立协作机制。近期，人大常委会调研报告中提出：对生态环境要素、行业监管等情况分析研判不够，办案针对性不强，存在同质化现象。这主要是指检察公益诉讼工作，检察建议千篇一律，没有具体检测数据、技术分析报告作为支撑，泛泛而谈，精准度不够，作用发挥不充分。生态环境领域办案很多涉及专业背景知识，地方办案线索发现能力、调查取证能力不足，这些都反映了我们离开了技术，仅靠主观判断和认知去办案，导致案件办理质量不高。这就要求我们更加广泛、充分借助技术专家力量。技术信息研究中心建立了800多名专家的生态环境公益诉讼技术专家库，司法鉴定实验室设备对各级检察院免费开放。建成的“益心为公”志愿者检察云平台，登记志愿者有10万多名，注册7万多名，就是要组织志愿者充分参与线索发现、专业咨询等环节，很多专业问题通过线上咨询即可实现，各地要探索如何充分利用好这些宝贵的智力资源。

二是左右融合。即公益诉讼检察业务部门和技术部门的融合。进入科技时代，检察官与技术人员彼此独立的办案模式正向着检察官与技术官共同研究问题、提出解决方案、付诸实践提升监督能力的模式转变。数字化监督模型的应用，就是检察官与技术官“两官”深度融合时代到来的标志。比如，黄河流域开展水资源保护专项活动中，有的地方检察官发现存在未取得取水许可，私自抽取地下水违法行为，导致地下水资源费征收不及时，国有财产遭受损失。通过构建大数据监督模型，用当地企业、农场等用水缴纳资源税数据反推用水量，与实际用水量、生态环境部门排污登记、处罚等数据相互碰撞，即可发现企业、农场违规抽取地下水、超量使用地下水的情况。发现的线索既办成了国有财产损失案件，同时也办成了生态环境地下水保护公益诉讼案件。这是检察官与技术人员共同研发模型应用于公益诉讼办案的生动实践。检察业务与技术协同办案时代的到来，对检察官与技术官提出更高要求，一名优秀的检察官必须懂得技术的价值与作用，而技术官也可对大案办理起到决定性作用。

三是上下互补。我们要求市级院实现检测实验室全覆盖，是要充分发挥一体化办案优势，减少行政性审批冗余。各地实验室建设，不追求“大而全”，而是要因地制宜有所侧重，实现功能互补。这也是解决司法体制改革造成公益诉讼办案人员相对短缺这一难题的重要方法。比如，一个地市有六个基层院，这六个基层院可以在专业特色上进行分工，A基层院主攻水环境治理，B基层院主攻土壤环境治理，等等。在案件办理基础上，注重相关专业知识收集、学习，与生态环境部门对口联系。这样一来，六个基层院形成六个方面的专业团队，在检察机关内部成为各领域的专家，遇到专业问题能够提出很好的专业意见。作为开创者，我们不能强调客观困难，开创者的责任使命就是不断克服困难，从而收获成事的自豪感、成就感。

持续推动公益诉讼技术支持保障体系建设，为实现中国式现代化贡献公益检察力量，这是今年在福州第二次全国检察机关公益诉讼检察工作会议上提出的目标。目前，公益诉讼办案领域不断拓展，生态环境、食品药品安全、个人信息保护、安全生产、国有财产保护等领域都需要技术支持。同时，检察技术手段不断丰富，快检、无人机勘验、以卫星遥感为标志的天空地一体化以及大数据监督模型实现多元发展。习近平总书记提到，人类正在进入一个“人机物”三元融合的万物智能互联时代。应勇检察长在大检察官研讨班强调，大数据监督是实现检察工作现代化具有决定性的工作手段，各地必须充分认识到其重要价值，这项工作没有抓好必然导致落后。我们的办案、监督也必须转入人机互联智能时代，强调大数据监督模型的运用。

下一步，要进一步做好公益诉讼检察工作和检察技术工作，切实发挥科技的第一生产力作用，以公益诉讼检察工作高质量发展为中国式现代化作出更大贡献。▲

目录 CONTENTS

公益诉讼技术支持

机制研究

技术性证据审查

工作聚焦

典型案例

科技之光

科学运用大数据、人工智能技术手段推动政法协同工作深化发展

文 | 贵州省人民检察院党组成员、副检察长　张　宇

贵州省检察机关从 2015 年开始探索应用的“法检互联”系统，已近 10 年。先后经历了点对点的“法检互联”“公检互联”“检司（监）互联”阶段，到 2018 年的全国首个全省规模应用的“政法委 + 公、检、法、司”全面互联的政法协同阶段，再到 2019 年下半年参与最高检检察业务应用系统 2.0 及政法协同 2.0 的研发和应用阶段等多个阶段。

2015 年贵州省院开始进行点对点政法协同工作尝试，分别与公安、法院、司法各政法单位开通了网上协同办案。2018 年 9 月，建设了贵州省跨部门大数据办案平台（检察院端也称政法协同）。2020 年 1 月 1 日，完成了政法协同平台和 2.0 系统的对接。近年来，先后出台一些管理规定，在全面推用的基础上做好网上案件协同工作，实现检察机关办案体系、办案能力现代化。

一、顶层设计与技术标准推动并行

（一）法治建设宏观层面

检察机关处于政法机关办案流程的中间环节，对开展政法协同有着得天独厚的条件。我们始终认为政法协同是法治建设的重要一环，它既通过数据的流转共用强调检察机关与其他政法机关间的深度配合，又通过一系列的数据标准、文书标准、卷宗标准、办案流程标准，体现了政法机关间相互制约，共同维护社会稳定和公平正义。

（二）实际操作层面

一是提升质量。贵州省院统筹建设跨政法机关的业务协同，开展网上案件移送与接收，实现跨单位的协同办案，通过各个业务流程中设置交换的案卡、文书、卷宗等数据标准和线上收送时间留痕，进一步约束办案机关提升、规范案件各类资料质量和处理时

限，从而提升工作质量。比如，过去办案检察官移送案卷材料，需要借助交通工具运送，耗费时间和人力，而且存在卷宗丢失的风险，特别是远距离移送，时间和风险都成倍增加。跨部门大数据办案平台改变了过去的移送方式，用电子数据传输取代人工送达，有效地节约了办案时间，减少了办案风险。检察机关通过该平台受理案件时，只需网上一键接收公安机关移送的案件数据，即可自动将案件及人员基本信息、电子卷宗同步到统一业务应用系统，免于重复录入信息、重复扫描卷宗，提升了司法效率。

另外，电子卷宗从公安以电子数据的方式推送到检察院承办人端后，结合统一业务应用系统的电子卷宗和 OCR 识别功能，可以让承办人第一时间接触到卷宗信息，且可以直接搜索、复制、摘录卷宗内容，并非单纯的变更卷宗移送方式，而是充分利用好数字化的卷宗信息，实现了政法协同系统和统一业务应用系统电子数据的有效对接和充分利用。

二是提升效率。各政法机关信息化条件下办理案件所产生的数据，应当充分运用好数据价值，要通过政法协同的应用，实现公、检、法、司各个政法机关的案件信息共享、资源互通、办案协作，前一环节已产生的案卡数据、制作的电子文书、电子卷宗等案件材料，后续的办案机关应当可以直接使用，这样才能最大限度地降低政法干警的工作量，通过提高跨单位的数据利用率提升工作效率。比如以往办理案件换押，需要开具纸质文书，人工送达看守所和公安，在应用政法协同平台后，在移送案件时，只需线上进行换押，不用办案人员在几个部门之间多次往返。一些需要延长侦查羁押期限的案件，也可以从系统内完成程序流转，不需要将材料送到上级院进行审批。让数据“多跑路”，让人员少跑腿，有效节约了司法成本。这在办理一些大案要案中起到的作用尤其明显。如贵州省某基层院在去年办理的陈某等三十余人组织、领导传销活动案件中，案件卷宗百余册，百余册卷宗的移送也通过系统对接，公安移送到检察院后，承办人马上就可以在系统里查阅到所有编好目录、做好 OCR 识别的电子卷宗，还可以实时检索卷宗内的关键字，提升阅卷效率。同时，在以往的办案中，换押、报请延长侦查羁押期限，都是一项大工程。然而现在，承办检察官只需要在电脑前就可以完成大部分操作，极大减少了工作量，提升了工作效率。

三是降低成本。长期以来，很多程序性的办案流程，都需要干警直接去跑，费时费力，时间成本和办案成本都相对较高，我们认为完全可以通过让数据“多跑路”来提高工作效率，从而降低工作成本。例如，电子换押这一工作的线上化，办理周期从传统的以天为单位缩短到分钟级，更是每年为全省节约车辆等办案经费数千万元。既减轻了办案人员的工作强度，也为国家节约了成本。

与此同时，对于一些基层检察院，人少事多矛盾突出的问题也得到了有效解决。我们通过智能化的手段，减轻检察官的负担，打通公检法三机关的办案系统，实现案件信息的电子化流转，需要从省一级进行数据对接，基层院无法实现连通，省委政法委推动建设的跨部门大数据办案平台，解决了数据连通、案件流转的问题，避免了检察官的重复劳动，让我们基层的检察官能更好地集中精力办案。

（三）协同工作推动层面

为推动政法协同工作，贵州省院始终坚

持标准先行，在前期开展法检互联等系统建立过程中，制定了一系列制度上、技术上的标准。发展到全省政法协同后，这些标准都得到了有益的吸收，确保了工作的延续性，充分发挥了积累的知识经验的作用。在全省建设、推广、应用中，我们积极配合省委政法委，分阶段明确协同目标、细化任务分工，加强信息共享与资源整合，制定工作流程、信息共享机制，加强了跨部门协作培训，较早推出了单轨制联合办案模式。这些措施有效提升了政法协同效率，确保了司法公正与效率的双提升，为法治贵州建设贡献了检察力量。

二、科学运用技术手段助力政法协同工作深化发展

2020年7月9日在贵州省黔南州龙里县，贵州省首例贯穿公、检、法，实现刑事案件全程网上办理的案件，由龙里县人民检察院依法提起公诉，龙里县人民法院依法公开开庭审理并当庭宣判，被告人表示服从判决不进行上诉，案件整个审理过程仅仅历时10分钟。

该起“危险驾驶案件”从公安机关立案侦查到检察机关审查起诉，再到法院审理判决，均依托“贵州省跨部门大数据办案平台”实现案件在公、检、法三系统之间的网上业务协同。公安机关把制作好的电子卷宗材料通过大数据办案平台向检察机关移送起诉，检察官在案件办理过程中对电子卷宗材料进行审查，审查完毕后再通过办案平台向法院提起公诉，法官利用平台上接收的案件材料审理案件，并依托平台实现了网络庭审，实现整个案件办理全程网上留痕，改变了传统“一张纸、一支笔”的办案模式。

综观政法协同平台试点工作，检察技术人员不可或缺，他们不仅为平台的研发提供了技术支撑，还发挥着“桥梁”和“纽带”的作用。在平台研发阶段，技术人员需要配合技术公司开展需求分析、功能设计、上线测试等相应工作；在平台试运行的过程中，记录平台需要完善的一些设计缺陷。同时，在案件流转过程中出现的异常或故障，技术人员还需要及时与其他政法单位的工作人员进行沟通，与平台研发进行配合，第一时间找出问题的关键点，并进行针对性的系统优化。这样周而复始，不断地推动平台向成熟迈进，加快了平台的推广应用。

政法协同平台不仅优化了政法工作的流程，还极大地加强了部门间的信息共享与协作。过去，由于信息壁垒的存在，政法各部门之间的沟通和协作往往不够顺畅。而现在，通过建立统一的政法信息共享平台，实现了各部门之间数据的安全、高效共享。这使得公安机关、检察院、法院等部门能够在案件办理过程中实时交流、协同作战，大大缩短了案件的办理周期，提高了工作效率。

在当今数字化时代，技术手段正以前所未有的力量推动着政法协同工作的发展与进步。大数据、人工智能等现代科技的广泛应用，为政法领域带来了深刻的变革，成为提升案件处理效率和准确性、加强部门间信息共享与协作的关键驱动力。

一是让大数据技术在政法协同工作中发挥着至关重要的作用。通过对海量数据的收集、整合和分析，政法部门能够快速获取有价值的信息，为案件侦查和决策提供有力支持。例如，在打击犯罪方面，政治机关可以利用大数据分析犯罪模式和趋势，精准定位犯罪热点区域和潜在的犯罪嫌疑人，从而提高打击犯罪的效率和准确性。同时，大数据

还能够帮助司法机关更好地了解案件的背景和相关因素，为公正审判提供更加全面和客观的依据。

二是应用人工智能技术提升政法协同工作的质效。图像识别、语音识别等技术能够协助政法机关快速识别犯罪嫌疑人的身份和特征，智能辅助审判系统能够为法官提供法律条文的检索和案例参考，提高审判的质量和效率。此外，人工智能还可以用于预测犯罪的发生，提前采取预防措施，降低犯罪率，维护社会的稳定。

三是深化科学技术手段在预防犯罪方面的应用。借助智能监控系统和物联网技术，能够对重点区域和人员进行实时监测和预警，及时发现潜在的安全隐患。

跨部门大数据办案平台应用以来，也在不断地经历优化完善，覆盖的业务流程也经历了从“无”到“有”再到“好”的过程，从最开始只能覆盖主要刑事检察办案流程，到后来的刑事检察办案流程全覆盖，拓展至现在的涉案财物信息同步移送、民事检察办案流程等。提高了办案人员工作效率的同时，也节省了大量司法资源。业务流程的拓展也为进一步广泛推进网上单轨制办案提供了坚实的基础。

三、未来政法协同工作的发展方向与目标

任何信息化系统，都要以服务业务应用为首要目标。当前，政法协同系统主要覆盖的还是检察机关传统的刑事案件领域，民事、行政以及公益诉讼领域还比较弱，需要进一步丰富完善。

未来，贵州省检察机关政法协同工作在不断总结工作经验做好系统服务的同时，也将积极回应“四大检察”的新需求，继续深化顶层设计，完善体制机制，强化信息化建设，提升协同效能。主要体现在四个方面：一是业务流程覆盖更加完善的协同。进一步完善民事、行政、公益诉讼领域的跨单位的协同流程的研发和应用，实现检察机关民事、行政调卷、监督案件等流程的跨单位协同，完善公益诉讼线上案件协同，积极拓展与监察委的案件协同（一个更加泛化的协同）。二是多模态数据的跨单位协同。传统的政法协同更多强调案件的案卡信息、文书、卷宗的跨单位办案协同，但伴随案件的音视频文件、电子证据、医疗影像等案件所需的材料大多都无法实现跨单位线上协同，但这些恰恰是检察官在办案过程中所需要的。因此，我们将持续推动多模态数据的跨单位协同这项工作。三是单轨制更彻底的协同。受制于办案装备、卷宗完整性、流程覆盖完整性、阅读习惯等方面的原因，当前的政法协同基本都还未完全实现全面的单轨制，而“双轨制”又存在一致性和可能增加工作量等问题。随着业务流程的进一步完善，各种类型案件数据的跨单位协同，肯定会实现更加彻底的单轨制协同。四是智能化程度更高的协同。目前的政法协同，主要解决的还是从线下到线上的问题，初步实现了时效性和案件质量标准的提升，智能化方面除了案卡填录、卷宗流转等功能外，还可以做得更好。例如政法协同与远程提审、远程送达、权利义务告知等音视频、物联网智能应用方面的融合，协同业务与一些 AI 场景的融合等。

总的来说，政法协同工作的目标就是构建更加高效、精准的政法协同工作体系，确保法律实施更加公正、高效，为建设平安贵州、法治贵州贡献力量。▲

以模型推广应用为突破口 全力推进数字检察工作高质量发展

文 | 甘肃省人民检察院党组副书记、副检察长 丁霞敏

党的十八大以来，以习近平同志为核心的党中央高度重视、全面擘画数字中国建设。党的二十大更是将“加快建设数字中国”列为“建设现代化产业体系”的重要举措，对数字中国建设作出战略部署。《中共中央关于加强新时代检察机关法律监督工作的意见》也明确要求“运用大数据、区块链等技术推进公安机关、检察机关、审判机关、司法行政机关等跨部门大数据协同办案”。数字化建设正日益成为推进国家治理体系和治理能力现代化的重要支撑。

作为数字中国、数字政府、数字社会建设的法律监督力量，数字检察直接关系着数字中国建设的战略实现，关系着数字法治体系的整体建构，关系着数字时代司法公正的最终彰显。加快数字检察建设，法律监督模型应用是重要切入点。甘肃检察机关全面贯彻最高检关于数字检察工作的总体部署，深入落实全国检察机关大数据法律监督模型推广活动动员部署视频会议精神，坚持问题导向，将推广应用法律监督模型作为数字检察工作的突破口、主抓手，对进一步推进监督模型推广应用进行再动员、再部署，以模型推广应用助力法律监督提质增效，助推“高质效办好每一个案件”，不断推动全省检察工作现代化迈上新台阶。

一、着力在思想上破茧，以“等不起”“慢不得”的紧迫感、责任感加快步伐推进监督模型推广应用工作

应勇检察长指出，数字检察重在应用，应用是数字检察建设的根本目的。通过大数据模型的应用来赋能法律监督是当前数字检察的重要突破口。甘肃检察机关进一步提高

政治站位，深化思想认识，深刻领悟、充分理解法律监督模型助力检察办案的重要作用，切实增强法律监督模型推广应用的紧迫感、责任感，不断加快步伐多推广、多应用更多的法律监督模型。

（一）深刻认识推广应用法律监督模型是贯彻习近平法治思想，更实融入数字检察战略全局的必然要求

习近平总书记指出："大数据是信息化发展的新阶段""谁掌握了数据，谁就掌握了主动权"。建设、应用法律监督模型，是让数据真正"活起来、动起来、用起来"的最有效途径，也是数字检察落地见效的重要手段和载体。甘肃检察机关要主动拥抱、积极回应数字革命浪潮，乘势而上、顺势而为，充分运用数字化手段，大力推广应用法律监督模型，更好发挥宪法赋予的法律监督职能，不断满足数字时代下人民群众对检察工作的新期待、新需求。

（二）深刻认识推广应用法律监督模型是适应社会治理现代化更高需求，更好统筹发展和安全政治责任的必然要求

数字时代，违法犯罪形态悄然变化，犯罪分子掌握大量数据后，以"数字画像"实施针对性经济金融诈骗，利用数字管理漏洞逃避政府监管、偷逃税款，利用"数据霸权"损害劳动者和消费者合法权益等犯罪时有发生，严重威胁经济金融安全和社会和谐稳定。作为法律监督机关，甘肃检察机关要适应数字化背景下犯罪的新特点、新规律，积极应用大数据监督模型，推动实现检察监督从个别、偶发、被动、人工的监督转变为全面、系统、主动、智能的监督，维护国家安全和社会稳定，促进国家治理，助力法治体系建设。

（三）深刻认识推广应用法律监督模型是补足法律监督短板，更强维护社会公平正义的必然要求

检察机关法律监督不同程度受到手段不足、信息不畅、协作不力等问题制约。法律监督模型有利于提升由单兵作战向集成作战的能力，促进监督规则转化为系统治理、社会治理规则，是检察工作现代化的履职新形态。甘肃检察机关只有通过监督模型，才能实现法律监督工作由传统"数量驱动、个案为主、案卷审查"的个案办理式监督向"质效导向、类案为主、数据赋能"的类案治理式监督转变，全面释放数字检察放大、叠加、倍增的监督效能，更好维护公平正义。

（四）深刻认识推广应用法律监督模型是推动自身高质量发展，更早进入全国第一方阵的必然要求

当前，数字检察已是全国检察机关比拼的重要战场，监督模型更是重中之重。甘肃检察工作能否进入全国第一方阵，监督模型应用既是新的增长极，也是必须面对的必答题、抢答题。答不好这道题，不仅不能进入全国第一方阵，而且将会以"代差"的距离被新时代所抛弃。甘肃检察机关要紧跟数字革命发展步伐，发挥后发优势，加快推进节奏，聚力监督模型的高质效应用助力检察工作的高质量发展，积极为全省检察工作尽快进入全国第一方阵贡献数字检察智慧和力量。

二、着力在行动上破局，以"三化"为关键积极推进监督模型推广应用起势成势

现阶段，监督模型推广应用工作的重点在"用"。甘肃检察机关要坚持边用边完善的工作思路，大胆探索、小心求证、一体推进，切忌一哄而上、重复建设。

（一）推进数据业务化

数据是监督模型建设应用的“基石”。过去我们一直聚焦“业务数据化”，大量检察数据处于“沉睡状态”，数据价值没有被充分挖掘出来。今后要在现有数据基础上充分运用要素筛查、数据碰撞、关联分析、异常统计，实现“数据的业务化”。一要抓实数据共享。省院要做好牵头工作，集全省之力共建、共用“数据资源目录”，研究制定内部数据返还标准和方法，规范外部数据对接、共享机制。市县院要结合地区、职能优势，坚持“必需、可行、管用”原则，由一把手牵头，分管领导靠上，多层级、多途径开拓数据获取来源，推进数据协同共享制度化、常态化。二要扎实汇聚数据。盯紧检察内部数据，坚持“应汇尽汇、能汇尽汇”，建设多维度基础库、主题库和专题库，构建动态、高效、安全的“数据池”，把内部数据唤醒盘活、用足用好。抓牢执法司法信息，坚持“不求所有、但求所用”，主动协调其他政法机关共享共用。充分利用开放数据，根据监督需求合理调取开源数据。三要严实数据管理。加强内部数据质量管控，保证数据信息全面、真实、有效。加强数据安全管理，坚决防止出现失管失控、失密泄密问题。

（二）推进平台集约化

对于省院建设的建模管理平台，既要加大试用力度，用好现有资源，办好监督案件；还要广泛收录省外、省内已经成熟且具有推广价值的模型，将建模平台真正打造成可以循环复用、开放建设的“百宝箱”，把建模平台的“保障支撑”变为“全面赋能”。一是平台要集中管理。建模平台既是全省监督模型的开发平台，也是数据分析判断平台，还是实战演训平台。因此，无论是业务监督模型、技术模型，还是训练模型、应用模型，都要统一放在建模平台上进行制作、配置和管理，这样才能共享大数据中心采集到的数据，才能汇集、整合全省各类优秀监督模型，实现效能最大化。各级院要树立监督模型融合、共享理念，积极登录使用，做到全省数字检察“一本账”管理，数据资源“一池汇聚”，模型构建“一站统管”，线索管理“一键流转”，案件办理“一网贯通”。二是模型要全域覆盖。“四大检察”是研发法律监督模型的根基。当前要立足检察履职，重点围绕对诉讼活动的制约监督，以及社保、医保等民生重点领域，生态环境、安全生产等事关社会公共利益的重点领域，检察护企、检护民生等重点工作，加强监督模型的建设、推广和应用。三是应用要因势利导。对于平台上架的模型，要善于借力使力，根据新建模型需要将更多的精力投入到获取数据、治理数据和使用数据方面，把数据的多面性价值通过多层次、多角度地充分利用起来。对于其他地方已经成熟的模型，要大胆学习借鉴，在此基础上鼓励各地勇于创新，拿出首创精神来打造甘肃模型品牌。

（三）推进评选活动规模化

今年最高检部署开展的“大数据法律监督模型推广活动”，实质上还是“竞赛”，成绩好坏直接决定对甘肃省数字检察工作的整体评价。全省检察机关要将评选活动作为今年数字检察工作的重头戏，以最高的站位、最大的力度、最实的举措，后发直追、跳起摸高，进一步树立精品意识、培育亮点模型，努力在面上做到全覆盖、成规模，在点上力争有创新、出特色，确保取得最好的成绩。

一要全面了解活动要求。本次活动主要针对市县两级院，从两个层面进行评选：第一个层面是模型研发。对于自行研发并上架的模型，进行推广应用评分，省内单位使用并成案的单倍积分，省外单位使用并成案的双倍积分。这对模型的易用性、可复制性、数据采集难度、成案率等提出了更高标准，要求我们不但要加大研发力度，还要保证研发的模型务实管用、经济实用，可推广、可复制、能共享，不仅在本地实现类案监督，更要在全国更大范围内推广应用。同时，在模型规则的梳理、思维导图的绘制、数据分析方法和办案指引的编写方面要更加精细化，对应用单位要提供更加优质的服务和悉心的指导。第二个层面是模型应用。对于没有自研模型的单位，应用的模型越多积分越高，省内省外同等积分，还必须成案。在模型的选型上更加精准，更加贴近本地实际，更加容易成案并形成监督效果。

二要高度重视积极准备。各地要积极动员部署，结合本地实际，发挥自身优势，根据最高检活动要求，集中力量在数据获取、模型研发应用、线索成案等方面有针对性地开展工作，争取在活动评选中取得好的成绩。各地数字办务必做好牵头协调工作，精心组织好本地优秀模型的建设和选拔。省院要举办全省检察机关大数据法律监督模型评比活动，各院要提早安排、提早准备。

三要强化活动成果运用。建立激励机制，对实用好用的模型，通过优秀模型评选、模型冠名，让构建模型的主要贡献者有更实的获得感、成就感。对于被最高检推广应用的模型，加大考核奖优力度，推动形成全员参与、人人争先的模型推广应用良好工作氛围。省院将按照最高检评比标准，分层分类通报市级院、省院各业务部门模型推广应用情况。各市级院、省院各业务部门要充分发挥主观能动性，自我加压，攻坚克难，锐意推进，务求实效。

三、着力在效果上破冰，以“四个一批”为导向不断深化监督模型推广应用工作

法律监督模型推广应用的落脚点在于实战。甘肃检察机关要扎实做好模型的推广、线索的成案、典型的梳理、机制的建立，不断推动模型推广应用工作取得实实在在的效果。

（一）成功推广一批易复制、效果好的大数据法律监督模型

省院要依托建模平台，积极推广一批实际应用效果好的模型，真正把“盆景”变成“风景”。各市级院对本院统筹建设的模型，要抓紧交给基层院应用，取得效果后再推广，实现“一域突破、全域共享”，做好模型的应用孵化、成果转化工作；在所辖范围内及时推广应用县级院研发成功的模型，扩大优秀法律监督模型的应用成效，充分释放“检力”，切实解决监督难、监督软等突出问题。

（二）高效查处一批大数据法律监督模型推送的线索

模型推广应用的直接成果是实现类案监督的突破。如果模型推送的线索不能成案或是查处少量的个案，那么这个模型就不算成功。可以说，线索成案率是评判模型成功与否的核心标准，更是模型能否被最高检向全国推广应用的关键考量因素。要强化线索管理，对线索发现移送、接收评估、会商分流、办理反馈、跟踪督办、分析通报等实现全流程、闭环式管理。要及时比对筛选线索，做好审查评估和研判工作，坚决防止出现以不属本部门管辖为由而弃查、漏查的问题。各院数字办、业务部门要加强对线索查处的跟踪和审查，按照模型和业务类别单独建立线

索管理台账，动态检查清理，确保线索能成案、多成案。

（三）及时总结一批具有指导意义的大数据法律监督典型案例

全面总结提炼本地开展大数据法律监督的好经验好做法，为检察人员开展大数据法律监督提供指引和参考。省院数字办要加强对典型案例的跟踪培育，择优向全省推广并积极向最高检推荐。省院已在检察工作网网站开设数字检察专栏，专门用以分享经验、交流做法、推动工作。各地要用好用活这一平台，积极报送阶段性成果、成熟性做法、理论性研究，在互学互鉴中共同提升、共同进步。

（四）探索形成一批与大数据法律监督相匹配的办案和工作机制

一要建立健全模型推广应用融合发展机制。牢固树立融合、共享理念，推动数字办、业务部门、技术部门各司其职、密切配合、形成合力，不断推进网络、平台、数据、模型融合，真正将数字技术与检察业务的“融合”、上下一体协同的“融合”、横向共治的“融合”落实到具体实际工作中。二要建立健全模型推广应用创新引领机制。依托“实践课题带动工作创新”活动，立足检察实践，推动在检察理论指引下的模型实践创新，努力推出一批在全省、全国可复制、能推广、有分量的监督模型。优化考评办法，将模型建设、推广、应用作为重点工作之一对下进行考核，将分值向数据收集、模型应用、线索查办等方面倾斜，充分发挥考核“指挥棒”“风向标”作用，牵引各地各部门创新创造，培树模型品牌。三要建立健全模型推广应用管理管控机制。加快制定出台甘肃省建模平台管理办法，建立健全模型建设、运用、冠名、推广配套制度机制，以科学管理强化模型的原创性、有效性、可行性、可复制性，来促进大数据监督模型的推广应用。四要建立健全模型推广应用人才培育机制。“数字检察人才”不等于“数字技术人才”，要通过以“训”促培、以“学”促培、以“赛”促培，培养一批既懂业务又懂技术，兼具监督办案、侦查调查思维和大数据理念的复合型数字检察“工匠”。

四、着力在保障上破题，以“发挥六个作用”为重点切实增强监督模型推广应用的前进动力和发展后劲

模型推广应用是一项系统性、全局性、协同性工作。甘肃检察机关要坚持领导打头阵，业务部门、技术部门齐上阵，上下联动、左右贯通，系统集成、协力推动。

（一）充分发挥检察长的主抓作用

模型推广应用离不开“一把手”的重视推动，离不开分管领导的具体推进。市县两级院检察长要带头部署，特别是在数据集纳、数据治理等方面带头研究、带头协调，定期听取研判、统筹推进下级院、本院各业务条线模型推广应用工作，确保模型推广应用工作高效精准落地落实。

（二）充分发挥数字办的主体作用

数字办是一个办案指挥中心，而不是技术中心，更不能混同于技术支持和保障部门。数字办要立足指挥、组织、协调功能，根据数字化办案特点，打破区域、空间限制，在数据归集、线索研判、类案解析、规则梳理中最大限度发挥团队作战的优势。要加大调研、督导力度，及时总结、提炼经验，协调各方力量解决模型推广应用过程中的难点、堵点。

（三）充分发挥业务条线的主攻作用

业务条线最熟悉本条线的业务规律、监

督点位、办案流程，最关注本条线的监督数量、监督效果和监督方式。省市两级院的业务主管部门要紧密结合本条线的工作需求、工作规律，主攻本条线的建模平台使用、模型应用和线索发现，做到抓需求抓办案抓督促抓指导，有的放矢、精准施策。市县两级院要围绕省院相关业务部门下发的模型应用方案，抓好落实。

（四）充分发挥业务部门的主导作用

最高检提出的数字检察工作模式，首先是“业务主导”，其次是“数据整合”，最后是“技术支撑”。业务部门要坚持“从业务中来，到业务中去”，深度利用更加直接了解人民群众对公正司法的期待，更加容易找准掌握检察机关法律监督工作的痛点、堵点、难点，更加清晰数据的需求，数据碰撞、筛选规则以及线索发现的路径等优势，提炼办案规律、明确应用场景、把控建设方向，深度参与、积极反馈、完善提升，大力研发、推广、应用法律监督模型，真正推动监督办案实现大数据技术与检察业务的深度融合。

（五）充分发挥检察官的主责作用

模型建设、线索研判永远是检察官的分内工作，模型推送出来的线索最终要由检察官转变成办案成果。检察官既是办案主体和数字检察赋能法律监督的主力军，也是研发、推广、应用法律监督模型的第一责任人。办案检察官要牢固树立数据、信息、智能的理念和思维，善于从个案办理中发现异常数据，梳理出一般特征、数据需求和碰撞方向等规律性认识，集中精力推广、应用一批成熟的监督模型。

（六）充分发挥技术部门的主推作用

应用模型的过程，不仅是对模型思路是否行之有效的考量，更是对信息技术支撑工作的评判。技术部门要强化技术支撑，始终保持与业务部门同频共振，既要着重把业务逻辑生成算法规则，将业务部门的数字需求、办案思路转化为技术实现，做好数字检察技术支持、算力支持、数据治理等基础性工作；又要根据模型的应用效果，不断调整技术实现方法，当好参谋，提出合理建议，提升模型精准性。▲

开创基层检察院新型融合式监督新局面

文 | 柳小荷

［**编者按**］山东省兰陵县检察院多年来始终坚持正确的法律监督理念，以高质效检察侦查助力法律监督刚性提升，实现了政治效果、法律效果和社会效果的有机统一。与此同时，兰陵县检察院突出以点带面、小切口推动大动作，突出人的核心、强化组织领导，以“技术保障业务开展”为目标引领，以“技术融合担当落实”为第一任务，积极引导检察技术充分利用科技和数据赋能，为基层院更好地助力检察工作现代化取得了良好成效。本期检察长访谈走近山东省兰陵县人民检察院党组书记、检察长卢文平。

>> 图 1　山东省兰陵县人民检察院党组书记、检察长卢文平

卢文平，1991 年 7 月参加工作，1996 年 6 月加入中国共产党，是一位政治信仰坚定、业务水平精湛、领导能力过硬、有着 30 多年办案经验的人民检察官。现任山东省兰陵县人民检察院党组书记、检察长，三级高级检察官。

柳小荷：2022 年以来，您带领兰陵县人民检察院党组和全体干警围绕全县中心大局，各项工作全面提升，请具体说说。

卢文平：从业务中来到业务中去。从检察实践中一步步走出来，把实践经验和理念带给这个集体，是我应有的担当和责任。一是做到团结院领导班子，带领全体干警立足党建塑人、制度管人、担当聚人、能力用人；二是抓党建铸检魂、抓业务提质效、强作风树正气、求极致出精品。三是一体推进“四大检察”融合发展，各项工作全面提升。

柳小荷：在这些成效的背后是怎样的检察监督理念助力法律监督的刚性提升？

卢文平：兰陵县院始终坚持正确的检察监督理念，以高质效检察侦查助力法律监督刚性提升，实现了政治效果、法律效果和社会效果的有机统一。

一是强化办案理念，下好硬核监督“先

手棋”。兰陵县院立足“办案也是监督”的法律监督职责定位，深入剖析诉讼监督中存在的不足和难点，坚持在办案中监督、在监督中办案，推行审查、调查、侦查一体化履职，纠正违法、检察建议、立案侦查、违法违纪线索移送全流程监督体系，做到案件审查为基础、调查核实是关键、立案侦查树刚性。

二是坚持融合监督，打好硬核监督“组合拳”。坚持全院“一盘棋”思想，按照分工不分家的原则，强化检察机关各内设机构之间的联系沟通，对检察侦查中涉及的相关案件线索实行“点对点”对接和会商研判，增强法律监督的整体性、协同性，在推进案件办理的同时，推动法律监督同时发力、同向发力，形成法律监督合力，提升办案效能。如王某徇私枉法案中，王某作为侦查人员在侦查郭某非法采矿原案时故意遗漏同案犯罪嫌疑人匡某，致使匡某未受到刑事追究，并通过重新进行物价鉴定为郭某故意降低涉案价值，帮助郭某获得较轻刑事处罚。王某徇私枉法案判决生效后，该院及时将匡某涉嫌非法采矿共同犯罪的案件线索移交捕诉部门立案监督，将郭某非法采矿案因渎职犯罪被减轻处罚的案件线索移送公诉部门依法提请抗诉改判。

三是树立共赢理念，跑好硬核监督“后半程”。在检察侦查办案中始终坚持“双赢多赢共赢”理念，充分发挥检察侦查作为诉讼监督的刚性保障作用，在打击、震慑司法腐败的同时，通过延伸监督触角，监督相关职能部门完善工作机制，提升工作规范化水平，有效推进社会综合治理。

柳小荷：在兰陵，荀卿路、荀子庙、劝学广场等地名风物，直率地诉说着兰陵与荀子深远又紧密的历史链接。除了法律监督的刚性，听说兰陵县的文脉也被运用到了法律监督当中？

卢文平：兰陵县院传承荀子文化遗风，文化长廊中张贴着荀子的句句名言，传承荀子“隆礼重法，则国有常”的法治理念，秉持“教令为先，诛罚为后”的法学思想，用荀子的法学理论指导刑事检察工作，真正实现德治与法治、文化与业务的深度融合。

随着经济社会的发展，犯罪结构也在变化，突出表现为轻罪案件在刑事案件中占比不断增多，兰陵县人民检察院针对县域交通肇事、邻里纠纷引发的轻伤害案件占比较高的特点，突出“高质效办好每一个案件”，积极践行新时代“枫桥经验”，将道德教化、释法说理、矛盾调解与犯罪治理有机融合，建立健全适应“一站式”诉讼模式的程序制度、办案规则和办案体系，准确把握罪与非罪的界限，把好入罪关口，助推办案机制现代化。

为破解刑事案件“杂糅”延长简案办理时长的难题，对公安机关侦查终结认为可以适用“一站式”诉讼模式的案件，在卷宗左上角标注“快速办理”字样，分案之初便驶入“快车道”，轻罪案件办理提速 38%。打造集速裁、讯问、审判、调解、公开听证等功能于一体的办案中心，公、检、法、司办案人员同时入驻，降低了案件程序流转和强制措施转换带来的空间和时间成本。在处理轻微刑事案件时，优先采取调解方式，在办案中心专设调解办公室，与群众认可度高、调解经验丰富的“老苗调解”对接，并邀请团队带头人、全国“金牌调解员”苗立义担任特邀检察官助理参与案件办理和矛盾调解。积极推行轻刑案件赔偿保证金提存制度，创新将保证金提存账户设立在调解中心，让调解中心全流程参与调解工作，提高了刑事和解率，缓和了社会矛盾。深化“检察+调解”协同普法，将“检察工作”与“老苗调解”有效衔接，检察官向双方当事人就定罪量刑、赔偿标准等进行法理阐释；调解员把事理、情理、道理讲清说透，以“说得出的正义”传递“触得到的温情”，实现荀子思想中“奸邪不作，盗贼不起”的社会治理效果。

柳小荷：有了检察监督理念、文脉传承的做法，检察技术工作是不是也有独有的一套？如何做到以“技术保障业务开展”为目标引领，以“技术融合担当落实”为第一任务？

卢文平：随着检察事业的不断发展，基层院检察技术工作随时面临诸多挑战。

一是务实谋新提质增效，促成“技术”迭代升级。这就要求更新传统理念，打破思维定式。在传统认识中，检察技术多以服务保障为主，处于被动工作的局面，往往是检察官提出需求，技术干警再去跟进。兰陵县院检察技术干警们却着眼于检察工作现代化的需求，主动应变求变、迭代升级，以数字检察为引领，在院内开展“技术干警讲理论、讲业务、讲体会”的“三上三讲”活动，由检察技术干警向检察官讲述“检察技术是什么、为什么、怎么做”，完善“检察技术+检察官”工作体系，强力形成检察技术协助办案的工作新局面。

二是加快内外融合，实现内外互补。理念变革是基础，融合发展是关键。兰陵县院检察技术部门主动与业务部门、案管部门开展内部融合，包括与刑事检察部门结成“数字检察模型运用”工作站，积极构建集数据获取、业务培训、系统应用、模型构建、案件研讨为一体的兰陵县院大数据应用中心；与公益诉讼部门结成“检察技术+公益诉讼”协作办案模式，共同推进公益诉讼案件提质增效；正在与案管部门探索构建“检察技术+智慧案管”工作模式，发挥检察技术作为系统平台管理员、案管中心作为案件业务管理员，构建出“双管理”背景下的“案管中枢”智慧化体系。同时，加强与公安、法院、司法局在数据共享上的外部融合。在全省政法协同平台与检察业务应用系统2.0互联互通的利好背景下，积极推广全院投入使用，逐渐在沟通协调系统外数据、打通数据交换的通道中形成良性联动，为催生出符合基层院建设的“新型融合式监督新局面”奠定基础。

三是强化“技术”协助办案，积极开展技术性证据审查工作。在办理秦某某故意伤害案时，兰陵县院积极支持法医参与公开听证释法说理，在公开听证会上由法医根据涉案人员及其亲属关注的问题和技术性证据审查意见报告，结合办案实际，用人民群众听得懂的“法言法语”，在拉家常中以案释法，增强了公开听证的效果。打消了相关人员的疑虑，更好地维护司法公正。

柳小荷：检察实践中，如何实现新型融合式监督？

卢文平：勤勉务实，苦干奋进，推进“技术”取得成效。

一是在各类案件办理中融入“检察技术”。近年来，兰陵县院积极推动检察技术支持案件办理工作，在办理刘某某放火案时，由检察技术干警提供现场勘验协助，明确受灾区域面积；在办理杜某某销售假药案时，由检察技术干警提供证据固定协助；在办理行政非诉执行监督案件时，由检察技术干警提供无人机航拍协助；在办理公益诉讼技术协助案件时，一起“多专业全过程技术支持吴某某破坏耕地公益诉讼案”被山东省院评为全省检察技术典型案例。

二是在精品创建理论研究工作中融入“检察技术”。依托兰陵县院“精品创建小组+检校共建”合作模式，积极研究撰写相关理论文章。

三是在基层院建设工作中融入“检察技术”。兰陵县院在基层院建设中，持续强化检察技术力量。一方面，探寻构建基层院检察技术一体履职的支撑体系，统筹共享、专业布局，并充分借力、借智，与社会专业力量形成内外合力；另一方面，强化内功，提升检察技术支持检察业务、服务检察业务的能力水平，明确职能定位，形成工作合力，通过科学技术和司法监督的有机结合，形成社会治理力量，努力让检察技术成为推动基层检察工作现代化的有力保障。▲

人工智能VS数字检察：从表层相加到深层相融的演进

文 | 柳小荷

［编者按］近年来，北京市通州区人民检察院着力塑造新质法律监督能力，融入城市副中心发展大局，以数据赋能新时代副中心检察业态转型升级。本期检察长访谈走近北京市通州区人民检察院党组成员、副检察长张爱华。

>> 图1 北京市通州区人民检察院党组成员、副检察长张爱华

张爱华，1992年参加工作，曾任北京市通州区人民检察院政治处副主任、政治部主任，现任党组成员、副检察长。

柳小荷：据了解，2024年，通州区检察院以打造“数智通检”品牌为目标，推出数字检察“1314”战略。具体是如何实施的？

张爱华：1个统筹领导作用，完善“检察+热线”协作机制、大数据信息协同共享机制、检校共建3个机制，打造1支专业化数字检察人才队伍，坚持突出业务主导、强化组织保障、夯实数据底座、明确线索指挥督办4条基本主线，聚焦服务保障北京城市副中心高质量发展，研发“耕地占用税模型”，督促行政机关收缴耕地占用税739万余元；研发“民事支持起诉模型”，切实保护农民工、快递员等弱势群体合法权益，帮助2200余名农民工讨薪1950余万元，化解重点领域矛盾纠纷，维护副中心和谐稳定，并与区人力社保局建立根治欠薪协作机制，助力将个案办理、类案监督中提炼上升社会治理的“善治规则”。

柳小荷：据了解，通州区检察院在数字检察探索方面不仅如此，聚焦人工智能技术在数字检察工作中的运用也很有作为，是这样吗？

张爱华：是的。2024年以来，通州区检察院在推动数据碰撞比对向人工智能更高级形态演进。结合检察履职服务保障城市副中心发展中发现的深层次问题，将人工智能前沿技术融入副中心基层治理、大运河保护、护航副中心重大项目建设等大局工作，把握住人工智能赋能数字检察转型升级的关键机遇，打造数字检察智能化的北京城市副中心样本。

柳小荷：基于什么样的考虑，来推动人工智能和数字检察从表层相加到深层相融的演进？

张爱华：数字检察战略实施以来，检察机关依托数字思维和数字技术开展大数据法律监督，充分唤醒和激活内外部数据资源，实现了由个别、偶发、被动、人力式的监督向全面、系统、主动、智能化的监督发展。在此背景下，数字技术成为大数据法律监督提质增效的关键变量，直接影响检察机关能否最大程度挖掘出数据资源中的监督潜能。目前，检察机关的数字技术集中表现为数据碰撞对比，技术种类相对单一、层级较低，人工智能领域的深度学习、机器学习、自然语言处理等技术和算法应用还较少。因此，有必要将人工智能等现代科技深度融入法律监督，探寻数字检察智能化发展的方向和路径，推动数字检察由数据碰撞比对向人工智能高级形态演进。

从当前数字检察的发展实践看，人工智能技术在检察机关的应用集中于三个领域：一是智能辅助办案领域，通过构建证据审查、风险评估、量刑辅助、法律文书生成等智能应用，提高司法办案效率和公信力；二是检察监督管理领域，对偏离正常轨道的数据指标进行提示，及时发现和解决案件办理中发现的期限、案卡和证据等瑕疵问题，规范司法工作流程；三是案件规律分析预测领域，通过对海量司法案件数据的分析，探索、总结司法规律和发展趋势，为检察决策提供辅助。囿于司法办案在检察机关职能架构中的传统地位，人工智能技术在检察机关的应用主要围绕司法案件办理进行，应用场景存在一定的局限性，在法律监督领域仍需进一步拓展。

按照不同的发展路径区分，人工智能分为专用人工智能和通用人工智能，在2022年11月底Chat GPT出现之前，人工智能大部分指的是专用人工智能，用于完成特定智能任务或解决特定智能问题，而通用人工智能则是通过对海量数据的预训练，可生成全新内容的人工智能技术。目前，人工智能技术在检察机关的应用路径主要是专用人工智能，构建的大数据模型属于任务模型，目标是完成犯罪预测、辅助量刑等特定任务，并且受限于配套基础设施，人工智能的检察应用处于专用人工智能的初级阶段，其适用的检察业务类型相对较窄，通常仅适用于某类或某几类检察业务，很多方面需要借助人工参与或辅助，并未达到独立思考、独立处理案件的程度。

柳小荷：在演进过程中取得了哪些经验或者教训？

张爱华：经验谈不上很多，但困难或教训确实摆在面前。因为，人工智能的基础问题就是数据问题，通过对海量数据的深度学习训练，实现由机器完成过去只有人工才能完成的工作，并且随着数据体量的积累和提升，机器变得越来越智能。因此，数字检察的智能化转型要以数据驱动为主轴进行。实践中，受数据壁垒、数据“私有化”等因素掣肘，检察机关掌握的数据主要是检察业务应用系统的内部数据，而与法律监督职能相关的政务数据、司法数据、社会数据只能少批量、分阶段获取，这在一定程度上满足了数字检察发展初期的数据需求，并且产生了相当的法律监督效果，但与人工智能迭代升级的海量数据需求相差较大，无法实现算法的训练和验证。同时，数据被人工智能所识别的重要前提是数据具备结构化特征，而司法数据多以非结构化和半结构化形式存在，人工智能在数字检察中的应用面临着数据非结构化的障碍。

目前，数字技术的研发使用仍处于起步阶段，现有数字检察工作对数字技术的要求并不高，因此，数字技术壁垒并未成为现阶段数字检察工作发展的主要瓶颈，但随着数字检察的智能化演进，技术供给不足成为掣肘难题。生成式人工智能可以快速、高速地处理多样化任务，但其输出结果的准确性很大程度上取决于其受训的数据体量和范围，缺乏处理能力的灵活性，超出其深度学习训练范围之外的领域，输出结果会出现不可靠、虚假、伪造等情况。检察机关利用大数据开展法律监督的数据范畴具有内部性，并且司法活动伴随着自由裁量权，这就决定了ChatGPT等现有人工智能模型无法直接应用于检察业务，检察系统内部暂无训练人工智能的基础条件，人工智能技术与检察业务之间在贯通融合上存在一定障碍，出现检察业务技术需求与人工智能技术供给的错位，技术需求得不到有效回应和解决，也是面临的诸多难题之一。

柳小荷：在演进过程中，除了这些技术上的不足，还有哪些棘手问题？

张爱华：数字检察智能化发展，不仅依赖于数据与技术的充足供给，还要求有既精于人工智能技术又熟知法律的复合型人才作为支撑，但现有的人才资源储备和培养无法满足数字检察智能化发展需求。一方面，复合型人才储备匮乏。传统人才培养模式局限于单个领域的分别培养，导致懂法律的不懂技术、懂技术的不懂法律，既懂技术又知晓法律的复合型人才十分匮乏，许多技术人员并未接触过法律，对检察业务需求理解不充分，限制了智能产品的预期效果。另一方面，复合型人才培养困难。目前，人工智能领域对法律专业的感知不深，并未深度关注检察实践智能应用，对法律人工智能领域投入的资源较为有限，而法律与人工智能在专业领域、知识体系、思维方式等方面的隔阂和分界，增加了司法人员对人工智能技术的疏离，影响了人工智能技术与检察业务应用系统的集成与融合提升。同时，现有的“人工智能＋法律”人才培养模式存在学科基础薄弱、行业协同缺位等问题，难以适应人才培养的发展需求，出现“什么都会，但都不精通”的窘境。

柳小荷：您认为人工智能应用于数字检察的深入演进，有哪些不可或缺的条件？

张爱华：首先，为减少分散建设和技术迭代产生的资源浪费问题，推动人工智能在数字检察中深度应用，要从加强顶层设计入手，自上而下地进行设计与开发，在省级检察机关层面统筹规划、明确指导原则，根据各级检察院的实际情况，制订区域内数字检察智能化的总体方案和长效工作计划，丰富拓展人工智能检察应用场景，科学谋划助推数字检察智能化发展。同时，基层检察机关可发挥案件资源优势，先行先试，探索应用人工智能技术，为数字检察智能化的顶层设计提供基层检察机关的探索经验，进而推动人工智能技术与数字检察的系统性融合，助推数字检察向人工智能高级形态演进。

其次，相较于金融、教育等领域，法律监督涉及行政、司法、治理等多个关键场景，人工智能技术赋能法律监督，应充分考虑法律监督特有的领域特点，而不是简单地将通用场景技术直接应用于法律监督领域。这就决定了要在深度融合法律监督场景独特领域需求的基础上，下大力气培养人工智能与法律的复合型检察人才。数字检察人才并不等同于检察技术人员，其核心要义是通过提升检察人员的法律素养和人工智能技术，使之能够融合法律和技术，最终实现既熟悉法律监督运行实践，又通晓人工智能技术原理的检察人才。为不断满足数字检察智能化的人才需求，既要充分发挥法学专家与人工智能技术专家的跨学科合作的效能最大化，又要基于检察系统现有人才状况，建立检察机关跨学科人才培养机制。一方面，对现有司法人才加强大数据、人工智能的学科培养，促进司法人员对人工智能的了解，以便更好地利用人工智能技术开展法律监督；另一方面，基于人工智能高技术门槛的特性，可在招录人工智能领域高层次人才的基础上，充分发挥检察机关司法实践的资源优势，提升其法律监督的理论知识和实践经验。

最后，智能化司法改革主要由司法机关主导，司法领域的人工智能技术应用主要集中于具体的项目工程，对于数字检察等新兴领域的智能化技术难题预研、论证和研发的关注不够充分，缺乏对数字检察专有技术的研发，并且，现阶段人工智能技术与检察工作的融合处于初步探索阶段，现有检察技术尚不足以支撑数字检察的智能化转型。因此，数字检察的智能化改革单靠检察机关的技术力量明显不够，必须对社会资源进行有效整合，借助人工智能专家学者、实务部门人员担任特邀检察官助理，加强与科研院校、人工智能技术开发公司的深度合作，在技能培训、咨询论证、智能研发等方面发挥其技术优势和创新能力，探索人工智能模型与检察业务融合发展，充分吸纳社会资源加入数字检察的智能化转型，共同研发与检察业务深度融合的智能化数字技术产品，弥补现阶段检察机关数字化、智能化运用能力的欠缺。

柳小荷：目前，在技术资源有限的背景下，数字检察要想实现智能化改革，应该如何进行资源配置才能让这项“演进”前景更为可观？

张爱华：数字检察的智能化转型应按照有效组织、重点研发、分步实施的策略科学配置数字检察资源，对检察技术力量和人工智能技术按照各项工作轻重缓急的程度进行差异化配置，通过人工智能技术的梯次配置破解数字检察智能化转型面临的技术短板。一方面，合理利用先进技术工具。在智能化转型的初级阶段，不应盲目追求人工智能技术的先进性，而要根据数字检察的技术特点和不同业务特点选择适配的人工智能技术。另一方面，发挥重点领域先行先试作用。按照系统谋划、急用先建、分步实施的步骤，选取重点领域与人工智能技术相适配的数字检察工作，在一些关系国计民生、需求迫切、具有嵌入人工智能技术基础的领域开展先行先试建设，以期达到有效创新应用的效果。▲

王硕：一名法医的三十年坚守

文 | 最高人民检察院检察技术信息研究中心　　柳俊荷

王硕，男，汉族，1971年出生，中国共产党党员，副主任法医师，现任通辽市检察院检察技术信息部三级调研员。他是一名检察人员，但比普通检察人员多了一把柳叶刀；他还是一名医者，却比医生多了一身检察蓝。11年从检经历，30年从事法医工作，作为一名拥有25年党龄的老党员，他把自己融入法医事业，用30载岁月的年轮印迹，凭借一双慧眼和精湛的技术，从纷繁复杂的表象中剔除假相，找到真相，为司法办案和检察监督提供智囊支撑。

通辽检察

为死者言，用专业替死者“说话”

1994年8月，从山西医学院法医学系的学府中走出，王硕被分配至沈阳铁路公安局通辽公安处技术科工作，开启了他的法医生涯。初入此行，他就接触到了生与死的边界，见证过无数瞬间的悲欢离合。对他而言，这份工作不只是一份谋生的手段，更是一场将为生者追责，为死者发声的使命之旅。

在那时，刚刚走出校门的王硕，就面临了职业生涯的首次考验。接到报警，在西辽河车站发现的不明死因尸体，给了这位年轻法医全新的挑战。现场的紧迫感、同事间的互信协作，让他明白这不仅是与死神的一场较量，更是对未来职业生涯的一次试炼。凭借在校所学的专业知识和冷静的职业素养，王硕勇敢地接受了这次挑战。细心勘查每一个细节，严谨地进行尸检，从死亡中寻找答案，最终成功揭示死因，为侦查工作指明了方向。

一天夜里接警后，他同其他“侦技”人员一同乘车赶到现场，第一时间投入到细致的现场勘查工作。经初步检验，见尸表损伤轻微，仅见头皮有轻微表皮剥脱伤。凭着对死者的敬畏和职业的素养，他对尸体进行了解剖，经过数小时的战斗，最终顺利完成解剖。死者双侧颞肌出血、脑挫伤、蛛网膜下腔广泛出血，认定为重度颅脑损伤死亡，并科学判断出死亡时间在尸检前3小时左右以及凶器为质地较软的钝器。根据他提供的重要线索，民警迅速开展摸排，在短时间内案件得以成功告破。在随后发生的毛告吐车站故意杀人案、三江口某旅社强奸案、赤峰铁路姚某某杀人碎尸案、高林屯车站史某被杀案、霍林郭勒车站出站口伤害致死案、赤峰车站运转车间故意杀人案等一系列重大疑难案件中，他精准的专业技术和线索，为案件的侦查、审讯和诉讼提供了强有力的证据。

法医工作的特殊性就在于它与死亡如影随形，面对死者，法医必须怀有最深切的尊重和悲悯。工作中，王硕不得不面对那些本不该发生的悲剧，那些死亡本可以避免却因各种原因而降临。

每次面对尸体，王硕都能感到情感与理智之间的激烈碰撞。他明白，自己对生者的责任以及对死者的同情和尊重是自己工作的驱动力。每当他的工作能为生者讨回公道，为逝者还原真相，他就会感到一丝慰藉。

这种复杂的情感也促使他不断反思自己与社会、生命与死亡的关系。在审视一个个生命的终结时，他愈发珍视自己的工作，意识到这个工作不仅仅是一种职责，更是人类共同情感的表达和人类文明进步的体现。这份工作让他深刻理解和体验到了生与死的沉重，也成为他职业生涯中不可或缺的一部分。

随着一个又一个的案件的参与和实践，王硕很快总结出了法医的门道：“法医就是在血迹斑驳的案发现场，寻找点滴物证，拨开案件背后的迷雾。”而作为警察中的“技术控”，他又时常扮演着解开“死亡密码”的关键角色，勘查命案现场，还原死亡真相。那些让人望而生畏的血腥、恶臭场面，他习以为常。在任何时间，接到出警指令，都义无反顾地赶赴现场。很多人问过他，“你真的不害怕吗？”“害怕是肯定的，”他说，“但这个害怕并非最初生理上的怕，而是源自一名法医‘为生者权、为死者言’的责任。”

在警察系统的多年磨砺，使王硕不断在案件的勘查、解剖、物证分析等多方面提升了专业技术。他懂得，理论是实践的基石，而实践则是检验理论的试金石。每一次走进法医实验室，每一次拿笔书写鉴定报告，都无不是对专业技能的深化与检验。丰富的实践经验让他学会了在死亡面前保持专业，使每一次解剖都成为追寻真相的重要步骤。

心无旁骛，用技术维护公平正义

在王硕的眼中，每一次的尸体解剖、每一份的法医学鉴定，不仅仅是一门技术或知识的应用，更是对死者的尊重与生者的负责。2013 年，他调入通辽市检察院，在技术处继续从事检察法医工作，工作重点也从为侦查破案提供方向、指控犯罪提供证据转变为对技术性证据审查把关、监督纠错上来。如果把整个办案工程比作一条产品流水线的话，公安的法医是证据搜集、固定者，检察院的法医就是证据质量监控员。拿出的审查意见，对整个案件办理起着举足轻重的作用，往往决定着一个人罪与非罪、轻罪与重罪的定性，稍有不慎，就可能毁了一个家庭，或者是让罪犯逍遥法外。因此，对于每一起技术性证据审查，他都如临深渊、如履薄冰。

说起参加检察工作后办理的案子，他如数家珍、记忆犹新。犯罪嫌疑人陈某某与被害人代某某发生纠纷，陈某某遂持铁管对代某某头部进行击打，致使代某某当场倒地头部受伤，医院诊断为“脑震荡、脑脊液耳漏（右侧）、颅底骨折”等。经某司法鉴定所鉴定，代某某被他人打伤头部致颅底骨折，损伤程度为轻伤二级。按照有关法律规定，故意伤害他人身体致被害人损伤程度为轻伤以上的，以刑事犯罪论处，否则，不宜追究被告人刑事责任。案件移送检察机关审查起诉后，承办检察官认为伤情鉴定有疑点，遂委托技术部门进行审查。接案后，他仔细查阅了代某某所有的病历及卷宗材料，并有了重大发现。送审的病历记载代某某右耳鼓膜完整，审阅其伤后影像资料未见颅底骨折征象，认定其“脑脊液耳漏（右侧）、颅底骨折”的诊断是不成立的，据此做出的轻伤二级鉴定意见明显错误。因为这份技术性证据审查意见，使得一个原本打算追究刑事责任的案件，最终对陈某某作出不起诉决定，在检察环节发现并避免一起错案。“一份技术性审查意见书似乎没有重量，但寥寥几字的审查意见就可以改变案件的定性，稍有不慎，就会出现冤假错案。”这让他更加意识到肩上沉甸甸的责任。近年来，随着庭审实质化的推进和公民法治意识的提升，对刑事检察部门提供证据方面的要求不断提升，他不断提高自身专业素养和知识储备，发挥工匠精神，精益求精。

领导和同事们提起他，总是赞不绝口。他平日寡言少语，但一谈起案件和检验技术就滔滔不绝。他用法医特有的专业、严谨、细致，在蛛丝马迹中寻找证据，在细节中搜寻真相。在孙某某故意伤害中，被害人被刺穿腹部致小肠破裂、肠系膜破裂，被鉴定为重伤，后经重新鉴定为轻伤，办案单位依此轻伤意见撤销案件并将孙某某释放。释放 6 天后，孙某某因纠纷将张某某刺伤致张某某死亡。王硕在对两份鉴定文书及被害人原始

>> 图 1　办公室研究鉴定结论

病历材料审查时发现，重新鉴定时鉴定人在明知原鉴定意见为重伤的情况下，故意不摘录小肠破裂、肠系膜破裂，行小肠修补术等内容，违背客观事实，依据腹部闭合性损伤的条款出具轻伤的虚假鉴定意见，该鉴定人因犯伪证罪，被判处有期徒刑一年零二个月。

“检察机关不是简单的追诉机关，罪与非罪的证据同样重要。”王硕总是这样提醒自己。自参加检察工作以来，他办理法医学技术性证据审查案件305件，审查认定21件案件鉴定意见错误、9件案件鉴定意见存疑、102件案件的鉴定意见书存在瑕疵，纠错率达43%。为办案部门提供法医学技术咨询900余次，对案卷中的鉴定文书分析解读，从法医学角度提醒案件注意事项，并提出法医学技术建议。参加法院暂予监外执行合议案件22件，认定7名罪犯病情未达到暂予监外执行的医学条件，该7名罪犯被依法交付执行。通过一次次检验，辅助检察办案，探寻案件真相，努力让公平正义可感受、能感受、感受到。

“尊重事实，不能放过一个坏人，也绝不能冤枉一个无辜的人。”这是王硕随身携带的笔记本上的一句话。在他的办公室还放着20多本泛黄的笔记本，记录着他从检以来参与的每一起案件，更印证着11年来不变的初心。一个人做到这些并不难，难的是年复一年，日复一日做到这些，这意味着奉献、意味着付出。没有惊天动地的英雄事迹，也没有慷慨激昂的豪言壮语，他凭着忠于事业、忠于法律的坚定立场，凭着爱岗敬业、恪尽职守的职业情操，践行着检察技术人员爱岗敬业、执着耕耘的优秀品质，用实际行动诠释了一名共产党员的恪尽职守、默默奉献的精神。

正是在这样的信念下，王硕在通辽市检察院检察技术信息部工作的日子里，凭借专业精湛的技术和严谨的科学态度，多次厘清了错综复杂的案件真相。

深耕细作，用理论助力检察技术发展

在30年的法医生涯中，王硕勘查检验的人身伤亡案件现场超过1000起，出具的法医学鉴定书多达500余份，这些成果无一差错。这些案例不仅锤炼了他的专业技术，也为他积累了宝贵的实战经验。法医工作不仅需要掌握各种科学理论知识，还需要善于应用这些知识去分析解决实际问题，这两方面的结合正是他技艺精进的关键所在。

作为一名资深检察法医，他具有扎实的理论功底和丰富的实践经验。他在法医病理、法医临床、法医物证等领域积累了丰富的实战经验。对于各种重大、复杂或疑难案件，他都能凭借自己的专业技能，提供有力的证据，为侦查破案提供方向。处理案件时，他总是站在科学的立场，判断和分析犯罪现场搜集到的证据。无论是生理上的恐惧还是心理上的焦虑，都不能阻止他对真相的探索。

同时也收获了很多“头衔”。他是通辽医学会医疗事故技术鉴定专家库成员、自治区医疗事故技术鉴定专家库成员和预防接种异常反应鉴定专家库成员，自治区司法鉴定专家库成员、医学鉴定专家库成员、全区法院

>> 图2 学术论文发表的期刊

司法技术咨询和技术审核专家库成员等，参与医疗事故鉴定100余件，为正确处理医疗事故、及时化解医疗纠纷提供技术支撑。

在做好本职工作的同时，参与鉴定的每一起案件，他都详细记录，在总结经验的同时潜心钻研，在国家和省部级学术期刊上发表法医学术论文24篇，积极贡献经验思想，为检察技术发展贡献智慧。2018年撰写的《拔牙致下颌骨骨折引起医疗事故鉴定2例分析》被中国法医学会评为优秀论文。2021年撰写的《148例法医技术性证据专门审查的回顾分析》一文荣获最高检第四届“科技强检”征文三等奖。2022年最高检组织编写《法医证据审查要点通览》，他凭借自身较高的理论水平和丰富的办案经验，编写了第三章第三节交通损伤致死案件部分，从损伤分类及法医学审查要点、酒驾检测、毒驾毒品检测、交通损伤死因分析、案件性质分析等五个方面，并结合自身技术性证据审查的案例，为解决实践中的疑难复杂案件提供思路。

风雨30载，王硕用公正的司法信念、严谨的工作态度和精湛的专业技术，一次次明辨真相、纠偏树正，在平凡的工作中抒写着不平凡的事迹，彰显着一名法医的职业操守和忠诚本色，用初心、使命践行了检察职责，用责任、良知守护了公平正义。

攻坚克难，迎接法医鉴定技术革命

科技进步带来的不仅仅是社会生活的变化，对法医学科的发展来说更是一场深刻的技术革命。从最初的基本解剖到现如今的分子生物学技术，法医手段经历了一系列的技术更新换代。王硕见证了这些变革，并将新技术纳入自己的工作实践中。数字成像技术、生物信息学和遗传分析等现代科技的应用，大大提高了法医工作的准确性和效率，同时也使得证据链更加完整、可靠。运用这些先进技术，王硕能够更加精准地剖析死亡原因，以及生存死亡的时间点，为司法案件提供有力的技术支撑。科技进步不仅仅为法医工作增添了力量，更为司法公正与真相的揭示提供了坚实的保障。

王硕还凭借对专业技能的深入钻研和不断学习，积极带领并参与了多项新技术的应用与推广。比如，DNA技术的突破为法医学的个体识别提供了更为精确的手段，特别是在处理复杂和陈旧的生物样本时显示出巨大的优势；数字成像技术的发展，也为鉴定工作带来了便利，能够在无创的情况下对尸体的损伤部位做出快速准确的判断。王硕不仅将这些技术运用到日常的法医鉴定中，而且在培训年轻一代的法医技术人员时强调了这些新技术的重要性。在他的推动下，原本显得滞后陈旧的法医鉴定行业开始焕发新生，提高了鉴定的准确率，缩短了鉴定的周期。

尽管如此，由于法医作为司法公正的重要参与者，经常处在公众视野的焦点位置。然而，由于人们对法医工作的误解与知识的缺乏，法医常常遭遇到公众舆论的错误认知与不公正的评判。在处理重大案件过程中，法医工作的艰辛与无奈常常不为人知。王硕在审查过程中，面对来自社会的压力和质疑，仍坚持技术性证据审查工作，深入解析医疗记录、鉴定意见，坚持科学与事实。他的专业判断不仅化解了公众的疑虑，也提供了公正司法的重要依据。但在现实生活中，诸如这样的案件被误解和质疑的情形时有发生。法医工作因其特殊性质，必须面对无情的现实和残酷的事实，这使得法医在进行调查与鉴定时，常常成为误解和偏见的承受者。他们用自己的专业知识为受害者和家属寻找正义，但这份工作背后的社会认知与理解度远远不足。

法医长期处于高强度的工作压力之中，身体与心理的双重压力使得情绪管理和压力释放成为他们必须面对的问题。王硕作为长期从事法医工作的资深专家，深刻体会到适当的情绪调节和压力释放的重要性。他的经验表明，科学合理地分配工作任务、定期参加专业培训和心理辅导，以及保持良好的生活习惯和兴趣爱好，都可以在很大程度上帮助法医解决心理健康问题。团队合作、同事支持也是降低工作压力和相互支持缓解心理压力的途径之一。

在王硕的工作生涯中，家庭是不可忽视的力量支撑。作为一名长期从事法医工作的检察技术人员，他需要经常面对血腥的案发现场，面对死亡的真相，甚至时常在深夜接到紧急出警的指令，离开温暖的家庭投入冷酷的勘查与调查工作中。这种工作性质无疑给他的家庭生活带来了不少挑战。王硕的家人，特别是他的妻子，对他的职业选择表现出了无比的理解和支持。在无数个不眠之夜，王硕的妻子守候在家中，照料孩子，处理家中琐事，为他打造一个无后顾之忧的工作环境。这份默默的付出，是他能够全身心投入到案件中的坚强后盾。妻子在王硕工作压力巨大的时候，总是耐心倾听他的诉说，给予他安慰和鼓励。正是这份理解与陪伴，使得王硕在职业生涯中能够保持平衡，既维护了公正，又维护了家庭。

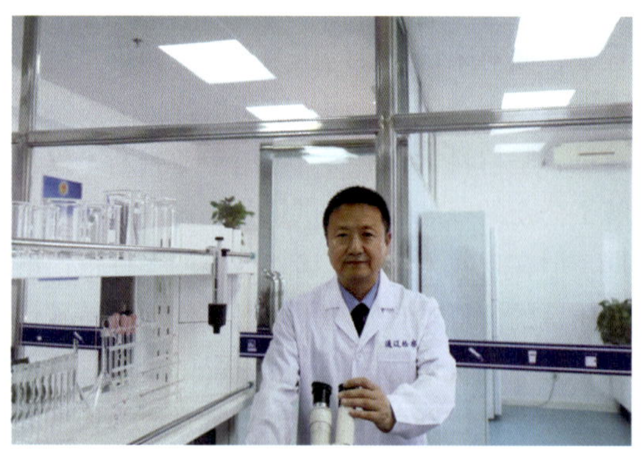

>> 图3　实验室能力验证

有了强有力的支撑，王硕始终保持理性。面对涉及各种原因死亡的、各个年龄段的、各种身份的、不同民族的死者，他对生命和死亡有着与众不同的理解。他更加敬畏生命，更多地去思考人生的价值，他更加淡泊名利、做事习惯于“对事不对人”，他愿意用自己的知识和尽自己的能力去帮助身边的每一个人，哪怕是这个人曾经与他有过矛盾或者伤害过他。

有人说“成年人最大的清醒，就是管好自己，克制自己纠正他人的欲望”，但是作为检察机关的法医，在工作中他不能有这种“清醒”，宪法赋予了检察机关法律监督职能，检察机关法医最基本的职责就是监督纠错。技术性证据审查工作是检察机关法医人员监督纠错的一把利剑，如何才能把好案件的技术证据质量关，这就要求检察机关的法医具有更加广博的知识、更加精湛的技艺，要更加耐心、细致、严谨，要有更强的责任心，要有“纠正他人的欲望”。

法医是一个终身学习的职业。30年的法医职业生涯中，王硕见证了法医学科的发展变迁。从传统的病理解剖到如今的分子生物学技术，法医学正朝着更为准确、全面的方向发展。王硕将自身积累的丰富经验转化为对后辈的培训与教导，他深知传承的重要性和对未来的责任。他毫不保守，积极学习新技术，努力将创新融入日常工作中，提高鉴定工作的科学性和准确性。正是由于王硕及同行们不懈地追求和努力，法医学科才能不断发展，适应日新月异的司法需求。

王硕总结认为，面对新时代新要求，如何做好法医工作，是每一名法医需要思考的问题。曾经有人说“法医不做尸检（法医病理）就没有政治地位，不做活检（法医临床）就没有社会地位”，虽然他不完全认同这句话，但这句话从另一个侧面反映出法医工作不单纯是一项技术工作，法医工作具有政治属性和社会属性。高质效办好每一个案件是新时代对法医的基本要求，如何做到案结事了，办案过程中如何实现政治效果、法律效果和社会效果的统一，如何让人民群众在每一个司法案件中感受到公平正义，是摆在每一位法医面前的新课题。▲

人工智能大模型技术在数字检察领域的应用初探

文 | 浙江省宁波市人民检察院　　吕静波

随着人工智能技术的蓬勃发展，其已被我国上升为国家战略，成为推动新质生产力的关键引擎。人工智能不仅在经济领域展现出巨大潜力，更在政法工作中发挥着重要作用，促进了法治建设和社会治理现代化进程。2024 年 2 月 19 日，国务院国资委召开中央企业人工智能专题推进会，强调中央企业要把发展人工智能放在全局工作中统筹谋划，深入推进产业焕新，抢抓战略机遇。2024 年 3 月，在全国两会中，“人工智能 +”在我国政府工作报告中第一次被提出，象征着人工智能正在成为产业创新的关键抓手和驱动新质生产力的关键引擎。2024 年 3 月 24 日，中国发展高层论坛提出加强人工智能领域科技创新，推进人工智能伦理治理等方面发展。各央企国企、高校、科研机构、各部门纷纷开始行动，陆续成立智算中心与人工智能专班。

一、国家多部门和各地积极响应发布本地相关政策

国家多部门联合发布政策，不仅是对人工智能发展现状和趋势的深入分析，更是对未来发展方向和挑战的系统思考与回应。这些政策的发布，标志着政府对人工智能产业的高度重视和支持，也为产业发展与行业结合提供了重要的指导和保障。这些政策的制定充分考虑国内外的经验和实践，借鉴先进的治理理念和方法，使之既符合国情又具有前瞻性和可操作性。

2023 年 12 月 31 日，国家数据局等 17 部门联合印发《“数据要素 ×”三年行动计划（2024—2026 年）》。该行动计划明确提出，以科学数据支持大模型开发，深入挖掘

各类科学数据和科技文献，通过细粒度知识抽取和多来源知识融合，构建科学知识资源底座，建设高质量语料库和基础科学数据集，支持开展人工智能大模型开发和训练。探索科研新范式，充分依托各类数据库与知识库，推进跨学科、跨领域协同创新，以数据驱动发现新规律、创造新知识，加速科学研究范式变革。2024 年政府工作报告将新质生产力的发展列为重点，将数字经济作为培育新质生产力的关键抓手，为数字经济的加速发展奠定了基调。具体提出要制定支持数字经济高质量发展政策，积极推进数字产业化、产业数字化，促进数字技术和实体经济深度融合。开展“人工智能 +”行动，打造具有国际竞争力的数字产业集群。

2023 年 11 月，北京市发布《北京市人工智能行业大模型创新应用白皮书（2023 年）》，同时上海市发布《上海市推动人工智能大模型创新发展若干措施》。2024 年 1 月，浙江省发布《关于加快人工智能产业发展的指导意见》。多地发布相关政策支持本地大模型创新发展，营造通用人工智能创新生态，加快打造世界级人工智能产业集群。

二、人工智能技术应用的形势分析

人工智能技术的迅速普及和应用，给检察工作带来了新的挑战和机遇。新时代，检察工作需要更加积极主动地适应和引领人工智能发展趋势，为检察工作注入新的活力和动力。在大模型的背景下，将更加注重数据驱动、技术支撑，加强智慧数字检察建设，打造更加高效、便捷的法律监督服务体系，让人民群众感受到更加公正、透明的司法环境。应该深刻认识到人工智能在数字检察工作中应用的重要性。人工智能技术的广泛应用，为数字检察提供了全新的思路和方法，极大地提升了司法效率和服务水平。通过智能化的手段，能够更加精准地洞察社会状况、分析犯罪行为，有效预防和打击违法犯罪，维护社会稳定和安全。

也要清醒认识到，人工智能技术的发展还面临着一些挑战和问题，如数据隐私保护、算法公平性、大模型本身黑盒幻觉等问题。因此，在推进人工智能与检察工作深度融合的过程中，需要注重平衡技术创新与法律规制，加强监管和治理，确保人工智能技术的良性应用，为检察工作的现代化转型提供坚实保障。

三、当前数字检察存在的问题

数字检察作为数字中国的重要组成部分，是数字中国战略在检察机关的具体体现。应勇检察长在全国检察机关学习贯彻全国两会精神电视电话会议上强调，要加快推进现代科技应用与传统监督方式的有机结合。但总体上，数字检察工作尚处于开局阶段，还有不少问题亟须解决。一是在数字检察理念层面，对其内涵与外延的理解还比较片面，简单将数字检察与法律监督应用模型设计画等号，而应用模型往往具有“短生命周期”特点，一次性数据筛查后即失去使用价值，加之存在数据获取难、建模难等问题，导致不少检察人员出现畏难抵触心理，尚未从根本上形成数字检察赋能法律监督的理念。二是在数字检察实践层面，数字检察的智能化程度有待提升，许多应用系统条块分割、集成不足，仅简单将线下业务搬到线上运行，而非真正对检察工作整体赋能，离“好用、管用、实用”还有不少差距，检察人员获得感有待提升。三是在数字检察机制层面，数字化项目建用“两张皮”现象普遍，检察业务与信息化融合度不够，“技术部门抓不准业务需求点、业务部门用不上数字化赋能”问题没有得到有效解决，尚未形成“业务主导、技术支撑”的数字检察工作模式。四是在数字检察基础层面，跨部门数据共享和业务协同不够，大量内生数据缺乏系统梳理，数据治理、应用成效不高；专业化人才队伍建设短板明显，尚未形成一支业务与技术兼通的复合型人才队伍。五是在数字检察资金投入层面，数字检察建设和维护需要较大的资金投入。除了初始建设成本外，系统的日常运维、安全防护、系统升级等也需要稳定的资金支持。随着新技术的出现，现有系统可能需要与新技术兼容，现有业务应用系统需要不断升级迭代以适应新的技术发展和业务需求。

四、对策建议

（一）守正创新，加快大模型在数字检察应用步伐

守正，要求在检察工作中，始终秉持法治精神，坚守法律底线，维护社会公平正义，保障人民安全和权益。创新，则是拥抱新技术，是应对时代变革的必然选择，不断推动政法工作现代化的内在动力。大模型作为人工智能的前沿技术，具有广泛的应用前景和深远的影响力。在检察领域，大模型可以为检察业务分析决策、法律服务、案件审理等提供智能化的支持和保障，为构建更加高效、公正、便民的数字法治体系贡献力量。

（二）破解技术与业务融合难的问题

建立联合工作机制：检察机关业务部门与信息化技术部门应建立一个联合工作组或专班，由检察业务专家和技术专家共同组成。定期沟通，确保技术发展与检察业务需求保持同步，及时发现并解决融合过程中的问题。根据检察机关的具体业务需求，提供定制化的技术解决方案。在技术开发过程中，应重视用户体验设计，确保系统界面友好、操作简便。此外，还应包括对检察人员进行的系统操作和维护培训，增强他们对技术的理解和信任，提高他们使用技术系统的能力。

（三）提升数字检察应用的智能化水平

引入先进的人工智能技术，利用大模型、机器学习、自然语言处理等人工智能技术的结合，开发更加智能的辅助办案系统。例如，通过机器学习算法分析历史案件数据，使用大模型技术，打造一个可以为各业务条线办案提供服务的AI精灵助手，对在办案件信息快速提取，为检察官提供量刑建议和案件预测，自动生成相关法律文书。实现类案法条或有助于办案各类信息的智能、精准推送。将各种案件要素赋予相应的标签，智能类案检索引擎自动提取承办人当前在办案件的情节特征和业务逻辑规则，通过深入分析案例文书库类案的具体结构和要素，通过算法关联出相似度最高的案例和法律法规，推送给承办人。在推送法条和案例的基础上，提供法律解释和适用建议，帮助办案人员更准确地理解和应用法律。

（四）加大对数字检察领域人才培养

创新人才培养与教育合作，与高等院校和研究机构建立合作关系，签订战略合作协议、共建共享知识图谱等模式，加强与高校、科研院所、IT企业和通信运营商等机构的长期合作。开发专门针对智慧检务的课程和培训项目，鼓励技术交流和经验分享，培养具

备法律和信息技术双重背景的人才。创建实践平台，鼓励检察干警在数字检察建设中大胆应用和测试新技术，通过实践提升他们的技术理解力和应用能力。

（五）针对数据安全与隐私保护的对策

强化数据安全法规与标准，制定和更新与数字检察相关的数据安全法规和标准，确保所有数据收集、存储、处理和传输过程都符合法律法规的要求。同时，建立严格的数据分类和访问控制机制，对敏感数据实施高级别的保护。采用先进的数据加密与保护技术，利用最新的数据加密技术，如量子加密通信、多因素认证等，保护数据在传输和存储过程中的安全。同时，引入数据脱敏和匿名化处理技术，减少在数据分析过程中隐私泄露的风险。通过定期培训和教育，在检察机关内部培养数据安全和隐私保护的文化，增强所有检察人员对数据保护的意识。

（六）针对数字检察大模型建设和维护成本问题的对策

分阶段实施，将全域数字检察建设划分为多个阶段，避免一次性投入过多资金，同时允许在实施过程中根据反馈和需求变化进行调整。同时，考虑到技术发展的趋势和业务需求的变化，确保建设的兼容性、持续性和未来扩展性。改变政府财政单一投入模式，探索自主发展主导下的互利共赢合作模式，引导市场主体有序参与数字检察建设，打造服务于数字检察发展的良性生态圈，促进数字健康可持续发展。

总之，人工智能大模型技术已成为推动新时代检察工作发展的重要动力和关键引擎，应当充分发挥其在数字检察中的优势和广阔前景，加强技术创新和应用，不断提升检察工作的科技含量和智能水平，为实现数字中国、检察工作现代化的宏伟目标做出更多贡献。▲

构建数字检察信息共享平台

文 | 河北省秦皇岛市抚宁区人民检察院 柳春风 代 谊

数字经济蓬勃发展，数字政府加速建设，数字法治体系日臻完善，检察机关的法律监督理念也在不断更新。在推动国家治理体系和治理能力现代化的背景下，检察机关的法律监督技术不断升级，法律监督方法不断优化。数字检察工作体系正逐步形成"数字赋能监督、监督促进治理"的新局面。

一、数字检察视阈下大数据平台的发展现状

（一）"非羁码"创新监管方式

2020年9月，浙江省杭州司法机关借鉴"健康码"理念，联合开发使用非羁押强制措施数字监管系统（以下简称"非羁码"）。"非羁码"打破了电子手铐概念，通过在被监管人手机上安装定制App的方式，利用人工智能、AR、区块链等前沿科技，实现人机分离报警、破坏报警、越界报警、特殊场所接近报警、自动巡检、定时报到、不定时视频打卡、轨迹实时查询等多重功能，确保被监管人能够在必要的监管下回归日常生活。这项司法技术变革体现了中国特色社会主义司法制度的内生活力与实践智慧，有利于提高刑事诉讼中的非羁押率、促进人员复归、落实社区矫正、确保监管机制公平公正，对数字时代的司法机关职能履行具有重要的启示意义。

（二）涉"两卡"案件漏犯漏罪大数据法律监督模型提供数字指引

北京市昌平区检察院梳理办理过的"两卡"（非法出租、出售、买卖手机卡和银行卡）案件后发现，该类案件跨地域特征明显，一个诈骗团伙里的人经常被不同地方的司法机关抓获、审判。犯罪嫌疑人到案后经常避重就轻，对既往行为不予供述，容易出现漏

人漏卡的现象。为了有效利用分散化、碎片化的涉“两卡”犯罪案件数据，该院搭建了法律监督模型，将涉“两卡”案件的信息作为大数据来源，登记犯罪嫌疑人及上下游关联人员的身份证号码、电话号码、姓名、昵称等，通过人工智能实现后台信息智能碰撞比对，实现关联案件的自动串并、提示、查询等功能，从而串联出电信诈骗案件的全链条。2023 年初，北京市检察院将该模型推广到全市检察机关应用。截至 2023 年底，利用该模型，北京市检察机关共发现跨区案件 37 件，认定贩卡团伙 25 个、追捕追诉漏犯 124 人。

（三）大数据对比实现个案查处到类案监督

山东省龙口市检察院在办理一起涉未成年人的恶势力犯罪集团案件时，发现存在犯罪分子吸食“笑气”（一氧化二氮）后侵害未成年人行为。该犯罪集团还利用“笑气”控制未成年人实施违法犯罪。此后，又发现多起刑事案件涉及“笑气”。该院发挥主观能动性，从应急管理部门、公安机关、交通运输部门等调取基础信息，搭建未成年人“笑气”滥用监管融合履职类案监督模型，提取“一氧化二氮”“笑气”“销售”“运输”“吸食”“非法经营”等关键信息词汇，通过数据碰撞比对，获取异常数据，发现案件线索，随后进行刑事、公益诉讼检察综合履职，并向相关部门制发社会治理检察建议。目前，该监督模型经山东省检察院推广，已在全省应用。

二、数字检察视阈下大数据平台出现的问题

当下，数字时代的检察机关正在数字检察战略下，全面提升法律监督在刑事、民事、行政与公益诉讼等监督方面的质量和效果，各地有了很多创新性的探索和做法。这一方面使得检察机关法律监督呈现出多点开花、改革不断的新局面；另一方面也引发了一些问题，因为缺乏数字平台系统构建，大数据、人工智能等新技术的引入会带来一些风险。

（一）数字检察平台人才供给不足

随着大数据、云计算、人工智能对法学领域的广泛渗透，形成了很多信息科学与法学交叉的领域，智慧法院、智慧检务、数字检察的蓬勃发展，无不体现当前信息科学与法学已深度交融。但由于传统教育模式往往采取单一学科教育模式，检察官大多数来自法学专业，往往难以具备人工智能技术、计算机科学技术、电子信息技术等领域的知识，对于大数据算法歧视、人工智能司法相对陌生，导致大数据平台建设后劲不足。一是检察官在参与数字检察办案模型研发与利用各类司法平台数据办案过程中，往往缺乏数字安全意识与保护数据的技术能力。二是由于专业人才的匮乏，检察机关内部不具备单独开发运用信息系统的力量，实践中一般委托第三方科技公司代为研发，而第三方有可能在经济利益的驱使下对信息数据进行干预，从而给数据安全带来极大的不确定性。三是利用科技赋能法律监督的意识和能力不足。部分基层检察人员对检察科技的认识不够，过分重视“硬件”建设，轻视科技思维的培养。检察人员多是法学科班出身，缺乏专门的检察科技人才，以致在应对新型突发案件时科技储备略显不足。

（二）数字检察平台受制于系统建设不完善

数据获取、数据建模、数据分析等数字技术对于检察机关法律监督发挥了重要作用，同时也限制了法律监督的质效。以数字检察系统为依托，数字检察系统建设是否完备在

很大程度上决定着数字检察平台搭建的实施成效。实践中数字检察系统建设仍存在短板，例如，数据来源渠道较窄。目前数据资源的获取渠道主要是中国裁判文书网，而来自公安机关、法院、行政机关等单位的数据信息相当有限。一方面，这与当下各机关之间分工负责的思维相关，部分机关被监督时合作意识不强，对于检察机关开展法律监督工作存在一定抵触情绪，不予配合情况时有发生。另一方面，存在一定数据壁垒，各机关均有一套内部存储数据系统和一套外部公开存储数据系统，对于内部存储系统中数据的使用存在较大限制，而外部系统存储的数据又相当有限，数据价值不高。这些掣肘或争议使得程序更加复杂，甚至出现程序倒流，使得原本就紧张的司法资源更显不足，并对司法的权威性产生直接影响。①

（三）个人信息权利保护能力不足，存在数据安全风险

贝克等学者提出的“风险社会”理论有着很强的解释力。风险可被定义为以系统的方式应对由现代化自身引起的危险和不安。风险有别于传统的危险，它是现代化的威胁力量和令人怀疑的全球化所引发的后果。②随着现代社会法治观念的不断发展，公众对于自身权利的重视程度显著提升，个人信息权利虽然属于较为新兴的权利领域，但是因其与公民自身各项权益息息相关，逐渐成为新时代公众关切的主要权利。与传统法律监督相比，大数据视阈下的检察机关法律监督的范围有所扩大，尤其是以大数据信息获取为主要内容的数字检察系统，更是拓展了检察监督的广度和深度。但与此同时，一个不容忽视的问题出现了，即对公众信息权利的保障。例如，类比大数据侦查和个人隐私信息保护之间存在的冲突，通过大数据技术在特定场景进行法治监督同样需要个人的出行轨迹、医疗信息、购物喜好等个人隐私信息，也存在监督效果和隐私保护的冲突，尤其是进行大数据预警预测时，监督对象的实际行为还没有真正发生，适用何种法律条款和何种手段进行干预，目前尚存在争议。虽然当下关于个人信息保护依然需要衡量更多的利益关系，但检察机关在开展法律监督工作中，尤其在涉及个人信息的数据获取、存储、使用、销毁等方面与个人信息保护法的相关规定还存在差距，可能超越履责范围与限度，导致人权、自由等基本法律价值被侵蚀。③

三、数字检察视阈下大数据平台的完善建议

（一）尝试构建数字检察人才供给机制

要推动检察大数据战略持续深入开展，确保数字检察的高质量发展，在需要大规模、高质量的数据的同时更需要既精通法律又掌握计算机技术的复合型人才作为强有力的支撑。一是检察队伍需要树立数字思维。大数据时代，检察官首先要转变理念，有意识地把案件证据承载的信息变成法律监督模型里的数据，实现证据到数据的转化，从而搭建大数据法律监督模型。二是推动数字检察人才供给侧改革，完善“大数据+法学”复合型人才的引进聘用机制，优化业务考核标准，吸引具有交叉学科背景的高端法治人才加入

① 参见胡铭:《论数字时代的积极主义法律监督观》，载《中国法学》2023年第1期。
②［德］乌尔里希·贝克:《风险社会：新的现代性之路》，张文杰、何博闻译，译林出版社2018年版，第7页。
③ 参见张新宝:《从隐私到个人信息：利益再衡量的理论与制度安排》，载《中国法学》2015年第3期。

各大司法系统。三是在检察办案人员选任上，可考虑招收部分复合型人才，尤其是计算机技术和法学的复合型人员，这样不仅有助于法律监督数据平台建设，而且在运用上也能够增加能动性和准确性。[①]

（二）攻克外部数据壁垒实现信息融通

长久以来，执法司法部门“信息孤岛”“数据壁垒”问题较为突出，成为掣肘执法司法制约监督体系改革和建设的瓶颈难题。其中有技术因素，也有政策因素和执法司法部门思想认识因素，导致打通数据壁垒困难重重。因而，破除“信息孤岛”，促进公权力部门之间信息数据的互联互通，建立信息公示与共享制度，是数字中国建设的重要内容。加快构建区域内各机关办案数据共享机制，搭建数据存储平台聚合公安刑事侦查数据、检察院办案数据、法院裁判数据等公检法业务数据，以及市场监管、社保、卫生、税务、教育等机关的行政执法数据等，从而拓展法律监督数据来源渠道。新的法治监督依托相应监督规则和融合后的大数据，构建相应的算法模型，重塑监督流程和工作机制，促进各监督主体业务逻辑与数字监督逻辑的重新组合。在大数据算法技术和法律监督制度的深度融合中，创新基于大数据算法的新型监督机制。数字检察平台应实行“双轨制”，即履职轨和监督轨。就搭建的监督平台而言，应当以履职轨作为常态化的监管目标，以监督轨作为特别情况的治理目标。数字检察平台涉及的领域十分广泛，如果过于追求由权力机关从外到内的监督治理，一方面可能存在逾越当下职权架构之嫌，另一方面也可能增加监督治理的难度和成本。常态化的履职监督则更偏向于发挥机关内部自省的监督力量，其本质只是将问题的发现主体由履职机关自身转移到数字检察平台，不仅是因为平台数据归集更易于发现自身监管的灰色地带，还是因为通过中立的数据归集平台分析发现问题并转移至职权机关的过程具有可视化，通过平台能够知悉职权机关是否有履职和履职的具体情况或结果。从此种意义来看，监督轨更倾向于属于“兜底性监管手段”。只有当职权机关不作为或者履职不符合法律规定时，才需要刚性监督的介入。[②]

（三）构设数字检察数据“防火墙”

推进执法司法信息共享、破解“信息孤岛”“数据壁垒”，是维护国家安全、社会稳定、公共利益的现实需要，也是深化司法体制改革和智慧检察建设的必然要求。在推进执法司法信息共享、破解“信息孤岛”“数据壁垒”这一难题的同时，要把确保执法司法信息数据安全摆在不可忽略、重中之重的位置。数据共享是先决条件，数据安全是必然要求，要始终把“共享”和“安全”作为并驾齐驱的要素和原则来研究和考虑，统筹推进数据共享与数据安全防护，做到既充分共享又保障安全。一方面，检察机关内部要设立数据安全监管部门，首先，制定法律监督领域重要数据目录，检察机关在行使检察权时应当严格遵守比例原则，结合数据分类分级标准，依据司法行为对数据的干预程度，建构一套程序宽严相当、权能强弱有别的数据调取体系。其次，检察机关在启动监督工作时应当以解决现实问题，进而促进社

① 参见胡铭：《数字法学：定位、范畴与方法——兼论面向数智未来的法学教育》，载《政法论坛》2022年第3期。
② 参见胡铭：《全域数字法治监督体系的构建》，载《国家检察官学院学报》2023年第1期。

会治理为目的，采取的监督方式应具有妥适性，而不应当基于权力扩张目的或其他缘由等开展工作。法律监督方法的选择应当是能达成监督效果的必要方式，即选择使用对当事人的利益限制或损害最少的手段，经过审慎地权衡公共利益与个人权利之后再采取相关措施。再次，定期或者不定期对数据储流系统以及数据共享平台进行安全巡查，一旦发现系统漏洞及时采取必要的补救措施。最后，及时对数据安全事故作出处理，并受理数据主体的异议和申诉。另一方面，要同步建立健全执法司法信息数据使用和管理机制。严格执行国家网络与信息安全等级保护制度和有关保密规定，坚持“谁主管、谁负责，谁发布、谁负责”的原则，制定并实施周密、可靠的执法司法信息数据安全使用和管理措施。严格落实数据安全保护责任，将数据安全贯穿于信息数据采集、共享、使用和销毁的全过程，时刻警惕数据安全隐患，及时开展安全评估，严格落实数据安全工作责任，切实防止数据被非法获取、篡改、泄露或者不当利用。[①] ▲

① 参见贾宇:《论数字检察》，载《中国法学》2023年第1期。

政法区块链在数字检察中应用的优势与进路

文 | 浙江省宁波市海曙区人民检察院　　原枕谋

一、构建政法区块链的技术优势

区块链技术可追溯、可验证、难篡改等特点契合了检察机关获取数据的各项需求，同时其独特的去中心化结构也打破了数据供给和接收方的不对等地位，从宏观来看，它可以有效地提高数据共享的可信性、实时性和积极性。特别是在与法律监督关系密切的政法数据，检察机关获取有关数据目前已有充分的法律授权，也具有制度上的可行性。

（一）区块链可以提高数据可信性

区块链本质上是一种信任机制，其使用技术在网络空间构建了一个安全可信的环境，使得参与各方仅依赖于区块链本身就可完成互信共识。[①] 区块体中存储着原始数据的哈希值，是由原始数据经哈希函数计算而来，而哈希函数具有单向性和唯一性。所谓单向性，即无法通过哈希值逆向推算原始数据，可以保障各数据供给方的数据安全性；所谓唯一性，即原始数据发生的分毫变化都会影响哈希值，这为检察机关提供了数据验真手段，通过查验数据哈希值与区块链记载的一致性，即可验证数据是否经过篡改。同时，区块链拥有优异的防篡改性能，其具有分布式的存储结构，在多个独立、对等节点间通过共识机制，保证各节点数据的完整性和一致性，篡改者需要付出极大的工作量证明成本才能完成对所有节点数据的同步修改，从防篡改的角度保障了检察机关获取数据的真实性。

（二）区块链可以提高数据共享的实时性

智能合约技术是区块链技术体系中的重

① 石超:《区块链技术的信任制造及其应用的治理逻辑》，载《东方法学》2020 年第 1 期。

要组成部分，其是一种数字化的协议，使用计算机编程语言来描述现实世界中合同条款的约束逻辑，并形成一段程序部署在区块链的合约层中，当达到协议的激活条件时，无需外部机构的授权，程序就会自动执行以完成协议的履行，且过程中无法进行人为干预或中止。① 当前，杭州互联网法院已上线了利用区块链智能合约打造的司法应用，构建了“自愿签署—自动履约—履行不能智能立案—智能审判—智能执行”的闭环司法体系。如能在检察机关和各数据供给方之间搭建“数据共享智能合约”，即可实现多部门协作、全节点见证、无人为干预的数据可信实时共享。

（三）区块链可以提高数据共享的积极性

区块链去中心化的结构在保障了节点之间完全对等的同时，也带来了由谁供给数据、由谁来记账的问题。因此，区块链设计了一套行之有效的激励机制，通过给予贡献者一定的“代币（Token）”奖励来激发各节点贡献数据的积极性。当前，数据持有方和检察机关之间的数据流动是一种负反馈循环，数据持有方在供给数据后不仅得不到正面激励，反而可能得到被检察机关监督的负向反馈，数据持有方的供给意愿在这种循环下会变得越来越低。如将区块链的激励机制引入上述循环中，对数据供给者根据供给数据的数量和质量给予不同程度的“代币（Token）”奖励，而“代币（Token）”可以作为各机关的考核凭据，作为执法司法信息共享工作的重要评价指标。如此，将负反馈循环扭转为正反馈循环，不断提高数据持有方的供给意愿。②

（四）政法区块链的构建符合法治原则

法律是区块链的必由之路，而非其毁灭的根源。③ 政法区块链的构建必须符合法治原则，且根据现行法的规定，它也能够符合法治原则。与获取私主体数据不同，检察机关获取政法机关执法司法数据得到了法律充分授权。首先，《宪法》以根本大法的形式规定了法院、检察、公安办理刑事案件的配合制约原则，而刑事案件的数据共享正是数字时代有效配合、制约的重要基础。人民检察院组织法、三大诉讼法对检察机关的司法监督权进行了完整授权，将诉讼活动、刑罚执行、民事调解活动、警察执法活动等都纳入检察权的监督范畴。故对于法院、公安机关、司法行政机关执法司法产生的所有数据，检察机关依法都有权获取、利用。④ 因此，构建用于数据共享的政法区块链具有扎实的法律依据。实践中，已有关于政法区块链的初步实践，如山西省探索搭建省级公检法司的联盟链，覆盖省公安厅、省人民检察院、省高级人民法院与省司法厅，旨在实现司法部门的全流程在线协作、在线高效换押与智能合约办案流程规范检查，解决共享难、信任难、协同难的问题。⑤

二、区块链技术赋能检察机关数据获取

如何将区块链的上述优势尽数为检察

---

① 贺海武、延安、陈泽华：《基于区块链的智能合约技术与应用综述》，载《计算机研究与发展》2018 年第 11 期。
② 杨东：《区块链与法院工作创新——构建数据共享的司法信用体系》，载《法律适用》2020 年第 1 期。
③［美］凯文 · 沃巴赫：《信任，但需要验证：论区块链为何需要法律》，林少伟译，载《东方法学》2018 年第 4 期。
④ 练节晁、刘晨雨、杨玥：《数字检察之“数字”突围——从“数字”壁垒到“数字”边界》，载《山西省政法干部管理学院学报》2023 年第 1 期。
⑤ 马明亮：《区块链司法的生发逻辑与中国前景》，载《比较法研究》2022 年第 2 期。

机关数据获取所用呢？笔者认为，可以由政法委主导构建法律监督联盟链，为检察机关和各数据持有机关搭建共享互通平台，并充分利用智能合约、隐私计算等技术在满足检察机关数据需求的同时，保障参与各方的合理关切。

（一）构建法律监督联盟链

区块链根据开放程度可以分为公有链、私有链和联盟链。公有链没有任何访问限制，节点可以自由地加入或离开，去中心化程度过高；私有链则过于封闭，一般用于企业或组织内部；而联盟链的开放程度介于公有链和私有链之间，参与节点和管理节点均通过直接指定的方式确定，具有安全可控的特点，因此非常适合作为检察机关法律监督数据共享通道。

当前的数字检察实践，多是依托违法犯罪场景而开展的，即检察机关通过分析特定个案的违法犯罪场景，查找提炼场景在数据层面可能表现出的特征或异常，梳理出数据需求，再从各个数据持有方归集数据，随后利用数据建模手段进行筛查、对比、碰撞，最终输出类案监督线索，但其中的数据归集过程尚未形成规范且固定的数据共享通道。通常，某一监督场景的参与各方和数据需求是特定的，因此笔者认为可以首先构建依托于场景的法律监督联盟链，由政法委作为联盟链的管理节点，承担数据区块的管理和确认、节点加入与退出的审核，检察机关和各数据持有机关或组织则作为联盟链的参与节点，由数据持有方执行数据上链，检察机关可实时同步地获取到监督所需数据，并可将监督结果通过上链的方式反馈给数据持有方。

随着数字检察实践的不断深入，越来越多的监督场景以联盟链的形式被固化和确定，法律监督联盟链的参与方不断丰富，检察机关归集到的数据将逐渐形成规模效应。同时，已有的监督场景可以得到持续的数据供给，监督的持续性和穿透性也获得了相应保障。

（二）智能合约打破数据共享壁垒

当前，检察机关在获取政法数据时，多采用三种方式：通过顶层设计制度性获取、通过点对点协议获取和通过行使调查核实权个别获取，而无论采用哪种方式，检察机关获取数据的边界、条件和范围均通过制度、协议和法律进行了有效的约束。通过将检察机关的具体数据需求、同数据持有方达成的数据共享协议以及法律规定等约束，以智能合约的形式固定在区块链中，当达到约定的条件，数据持有方的数据将自动地以约定的形式上链，这样既可以保障检察机关获取数据的实时性、真实性和可追溯性，又可以保障数据持有方的数据安全和共享合规，从而打破数据持有方和检察机关之间互不信任的壁垒。同时，可由政法委编制确定数据质量的评价标准和共享激励办法，并写入智能合约中，数据持有方的数据共享将实现自动评价、自动反馈、自动奖励，为法律监督联盟链的持续运行注入内生动力。

（三）隐私计算打消数据共享顾虑

区块链作为一种分布式的数据库，其是通过在一定程度上牺牲参与各方的数据所有权而实现的数据共享。检察机关作为法律监督机关，如果使用区块链的技术手段归集各方数据，势必会引起各数据所有方对丢失数据所有权的担忧。而隐私计算技术则通过“数据可用不可见、数据可控可计量、数据不动模型动”的方式，实现在数据持有方不暴露原始数据的情况下，完成数据的共享分析计算。[①] 隐私计算技术和区块链的结合，可以在打消数据所有方顾虑的同时，对数据的计算和共享过程进行跟踪、追溯和增信。隐私计算技术大体上可以分为联邦机器学习、可信执行环境和多方安全计算三类技术。其中，多方安全计算利用密码学原理，参与各方将原本明文的数据加密或转换后提供给其他参与方进行计算，从而实现多个参与方协同求解某个函数或问题的解的同时，各参与方除过程信息和结果信息外无法知晓任何其他信息，真正做到"数据可用不可见"[②]。法律监督联盟链可采用多方安全计算模式，构建链上—链下双层数据存储架构，各数据持有方的原始数据存储在各自链下数据库中，当检察机关有监督需求时，可将监督模型的计算任务分解至各数据持有方，各方在区块链上进行协同计算，最终检察机关可以在不获取原始数据的情况下得到计算结果。▲

① 闫树、吕艾临:《隐私计算发展综述》，载《信息通信技术与政策》2021年第6期。
② 沈传年、徐彦婷、陈滢霞:《隐私计算关键技术及研究展望》，载《信息安全研究》2023年第8期。

区块链解决数据信任与安全问题研究

文 | 四川省成都市人民检察院　蒲泓全　侯天子　唐仕明

当前，区块链技术已运用于检察机关的办案和监督领域，这是应检察机关在证明数据无篡改和诉讼程序中的各类技术和场景需求而诞生。[①]

2018 年 7 月，湖北省检察院以区块链赋能检察为研究方向成立“智慧检务创新研究院检察区块链联合实验室”，同年 12 月，武汉市检察院启动“基于区块链技术的电子数据存证相关应用研究——从公益诉讼的角度”课题，通过引入自然资源部国土卫星遥感应用研究中心提供的权威卫星遥感数据源，将一定周期内的数据对应哈希值不断上链存证，确保在办理公益诉讼案件中卫星遥感数据的可信，该课题为多起公益诉讼案件办理提供了调查线索。

2019 年初，杭州市西湖区检察院为解决在日常办案所遇到的证据可信、预防被篡改等技术性难题，与支付宝合作，研发“检察区块链取证设备”，已成功在民事、行政、公益诉讼等检察工作中应用。2020 年 7 月，杭州市检察院制发《关于公益诉讼应用区块链取证的实施意见》，进一步规范检察公益诉讼现场区块链取证、实验室区块链取证流程，推进区块链取证平台在公益诉讼办案中的应用。

2021 年 10 月，苏州市相城区检察院研发“监管链”平台，实现对社区矫正、相对不起诉、涉罪未成年人、取保候审等人员的全流程“链”上监管。将检察、公安、司法行政等多个部门整合成了一条多元联盟链，执法人员在进行社区矫正、帮教等过程中，将所

① 董彬、徐衍、王群:《区块链技术在检察业务中的场景需求与适用规则》，载《人民检察》2022 年第 20 期。

有执法数据实时上链，检察机关可以在后台对其进行实时监督。

2023年，无锡市锡山区检察院构建“区块链+长江船舶污染治理”大数据法律监督模型，将研判规则锚定在区块链上，保证了监督线索原始数据和研判过程的真实完整性，为探索检察机关大数据法律监督模型推出线索的可信性提供了一条技术路径。

一、数字检察中数据信任与安全异化风险

（一）构建模型引入海量数据的安全风险

构建大数据法律监督模型需要的数据可以划分为两种类型，一种是检察内部数据，指检察机关办案过程中掌握或产生的办案数据，从检察办案系统上线以来，检察机关已经积累了丰富的办案数据，但这些数据大多处于“沉睡”状态，没有真正用起来，另外公安机关移送的电子数据，这部分数据基本只是用于个案审查，很少对里面的数据进行深入挖掘。另一种是外部数据，包括司法数据、行政数据等，对于部分司法数据可以通过政法协同平台获取，还有部分司法数据需要沟通获取，大部分行政数据基本需要与行政机关沟通获取。许多模型运用需要的数据量往往较大，实践中可能大多只关注模型规则、逻辑、线索等，很少对大量数据获取、应用带来的风险进行考虑。

检察机关的内部数据存储于检察业务应用系统中，文书卷宗占绝大多数，这部分数据是非结构化数据，需要转换成结构化数据之后才能进行使用和分析。但是文书卷宗的数据体量非常大，使用过程中需要确保源文件不被丢失、不被篡改，否则将影响日常办案，同时还需要确保转换的结构化数据与非结构化数据的一致性。对于公安机关移送的电子数据，要做到案件之间的挖掘和比对，包括异地案件的碰撞，筛查个案之外的其他犯罪线索，比如毒品、电信诈骗、洗钱等，需要将电子数据进行存储并接入网络，较短时间就可以达到海量电子数据，存储的电子数据都是从原始介质提取后复制过来的，应当从技术层面保证证据的客观性，接入网络的电子数据应有效防止被攻击、被篡改，并具备可追溯和重定向功能。外部数据基本是检察机关根据建模需要从其他机关获取的，确保数据的安全是第一性的，更应该考虑怎么存储和管理，如何防止数据篡改和泄露，如何确保推送线索与原始数据间的关联性。以上关于建模引入海量数据的安全风险问题是推进数字检察战略面临的基础性问题，只有解决好这一基础性问题，根据模型推送的线索才是可靠并具有说服力的。

（二）公民个人信息泄露风险

随着数字化时代的到来，对数据的应用不断加深，造成公民个人信息泄露也层出不穷，泄露的数据被犯罪分子利用可能对用户造成严重的后果。推进数字检察工作过程中，处理和分析的数据基本包括公民个人身份信息，对于这部分数据要严格按照个人信息保护法规定的权利义务进行管理和使用，应当具备防篡改、事中留痕、事后审计、安全防护等必要技术措施。据了解，实践中部分地区检察机关将大数据法律监督模型直接部署于互联网中，且采取的安全策略和措施均不能满足安全需要，一旦被攻击造成数据泄露，损失将无法弥补。

（三）接口对接产生数据不一致的信任风险

检察机关获取外部数据，通过与其他单位的应用系统进行接口对接方式是一种不错

的选择，能够实现使用数据“最小化”原则，按需获取数据，而不是直接获取全量数据，既节约资源又可一定程度降低安全风险。同时能够让数据不“落地”，让数据“多跑路”，提高工作效率。实践中，各个地方对接系统、数据的管理方式不尽相同，存在多接口对接的情况，涉及的系统较多、管理部门较多、研发单位不同、数据库类型不同等，这就容易造成数据不一致，且难以发现，即使发现也难以排查。这样就导致大数据法律监督模型推送的线索不准确，直接影响后面的线索排查和案件办理效果，构建模型的思路和规则可能会受到质疑，影响从事数字建模人员的工作积极性。因此，对利用接口方式获取数据方式应当对数据一致性问题从技术层面进行规制，确保应用模型数据的准确性。

（四）模型推送监督线索信任风险

现阶段，数字检察赋能法律监督主要通过构建大数据法律监督模型实现，遵循“梳理监督点位、提炼监督规则、获取治理数据、构建监督模型、进行案件办理、实现系统治理”一般化路径。检察官根据监督模型推送的监督线索进行案件办理，成案率是检验监督模型中的规则提炼是否合适、准确，除了监督规则本身之外，还有两个方面的问题会影响检察官根据监督线索调查核实后是否成案。第一个方面，监督模型使用的数据是否准确可靠，不管是检察内部数据还是外部数据都存在这样的问题，针对海量数据，人工核查和一般的技术性判断，均难以对数据的校验。第二个方面，监督模型中的监督规则对检察官是否透明可信，是否存在被篡改的风险，监督规则是监督模型的核心部分，由检察官根据个案办理总结、归纳、提炼，再由技术人员或者模型架构师予以实现，由于技术壁垒，检察官很难对编码后的规则和推送监督线索的实质内容进行核验，监督模型使用过程中，监督规则发生变化也难以发现。即便是用于检察官自主建模的低代码平台，同一个办案团队共同使用监督模型时对模型的管理也存在一样的风险。

（五）治理数据和模型应用的人员风险

应用大数据法律监督模型，首先是对数据的处理和治理，由于该项工作需要一定的技术基础，同时较为烦琐，占据模型应用大部分工作量，一般由检察机关的技术人员、运维人员，甚至是研发模型的科技公司承担。存在两方面的风险，一方面，数据治理人员不一定是检察人员，如果在数据治理过程中存在恶意的主观行为，则可能导致数据泄露，影响数据安全，例如追求经济利益的数据违法交易等，甚至利用数据进行违法犯罪活动，例如基于身份信息的电信诈骗等，因为数据治理专业性特点，实施以上行为操作简单、隐蔽性强，实践中难以识别和发现。另一方面，数据治理人员由于工作疏忽导致滞后的数据与原始数据存在偏差，影响数据的真实性。其次是模型推送监督线索的管理，研发模型初期，由于监督规则、线索呈现、模型界面等内容需要不断调整和完善，研发人员大多掌握模型推送线索的情况，因此也存在和数据治理一样的人员风险。亟须从制度和技术两个维度予以规制，避免以上情况的发生。

二、利用区块链技术解决数据信任与安全问题探析

区块链的类型包括公有链、联盟链、私有链，公有链的参与者是任何人或组织，联盟链的参与者仅是联盟成员，私有链是联盟链

的特例，即联盟链中只有一个成员。检察机关可以根据自身需求选择相应的区块链类型。

（一）构建数字检察数据共享联盟链

联盟链常用于身份相互熟悉的单位或组织，一般具有身份认证和权限管理功能，区块链节点数量确定，数据在联盟成员间开放，非联盟成员无法访问，并可以将不同领域的数据进行区分和隔离。检察机关开展数字检察工作，从其他单位获取数据符合构建联盟链的条件，检察机关可共享其他单位的数据，其他单位间不能相互共享，共享时必须经过严格的身份认证和权限管理。因此，可基于工作需求构建数字检察数据共享联盟链。以检察机关共享公安机关的数据为例，检察机关、公安机关、审判机关、行政部门1、行政部门2、行政部门3等可以组建联盟链，如图1所示。

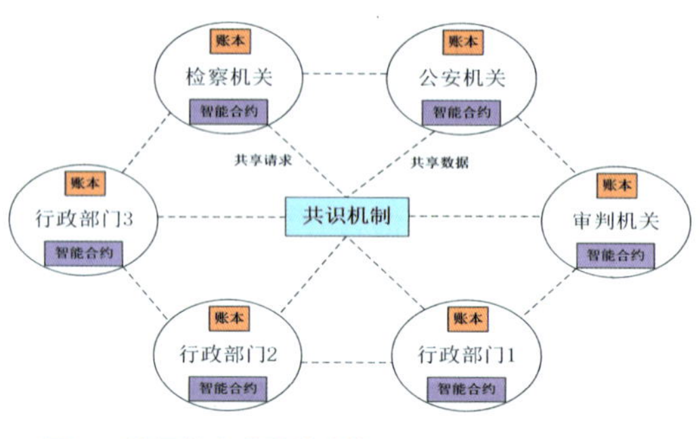

>> 图1　数据共享联盟链结构

检察机关需要公安机关数据时，由公安机关将数据共享到区块链中，包括原始数据的散列值，同时将此次共享的信息同步到区块链上其他参与方的账本中，检察机关获取数据记录也会同步到各方账本中。制定相关权限等级，除了检察机关外，其他单位不能查看账本信息，其他机关仅知晓数据是否被修改，且仅有公安机关有权对数据进行修改，修改时同时更新原始数据的散列值。通过以上方式可以保证数据不被随意篡改，以及公安机关共享、修改数据记录，检察机关获取数据记录可以全部被跟踪，能够抵御数据丢失或者恶意攻击造成的威胁，并通过散列值确保数据的原始性。通过以上方式确保海量数据的安全以及接口数据对接的一致性。检察机关及其他单位共享数据时，可根据设定的权限进行共享，过程与公安机关向检察机关共享数据类似。

（二）构建模型规则和线索管理私有链

私有链不对外开放，仅仅在组织内部使用，一般不对外开放，具有完备的权限管理体系，并要求使用者提供身份认证，用户的数量和节点状态都是确定的、可控的，没有用户可以很容易地篡改数据和信息。检察机关构建大数据法律监督模型的规则和线索管理仅在单位内部完成，因此可以使用私有链来确保信任和安全。

模型规则设计完成之后，由规则管理员上传至区块链中，模型获取数据后运行时，调用区块链上的模型规则，模型推送的线索自动上传至区块链，检察官从区块链上获取线索。以上整个过程是通过智能合约执行的，通过程序代码的方式实现既定的业务规则逻辑，由规则设计员、规则管理员、检察官等共同参与智能合约的制定和维护，一旦部署自动执行。按照智能合约，模型规则的优化与变更均会导致线索的更新。模型规则的优化与变更、线索获取记录均在各参与方的账本中维护。流程如图2所示。

以上方式有四个优势。一是利用区块链技术的容错机制、不可篡改性等为监督模型规则设计和线索管理提供安全支撑，提升大数据法律监督模型推送线索的协同效率，降

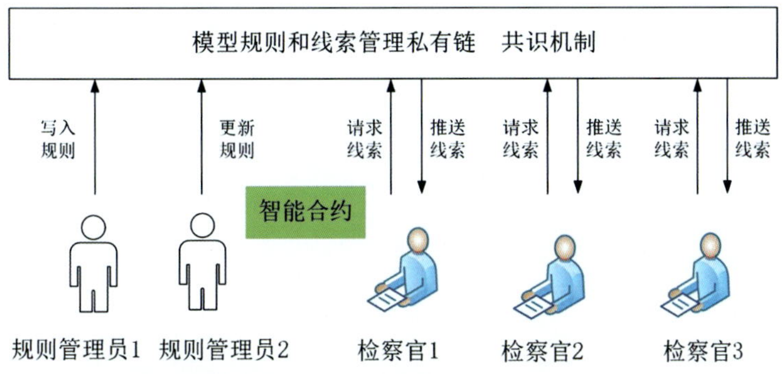

>> 图 2　私有链流程

低信任和协同成本。二是多方参与人员均有严格的权限划分，即便运维人员和科技公司研发人员也不能随意更改模型规则和获取线索，即便操作也能通过账本发现。三是利用区块链智能合约的自动执行，可降低对模型构建和应用流程的人为干扰，降低风险。四是整个过程全程留痕，确保模型推送的线索经得起各方的检验，尤其是被监督单位。

（三）利用区块链融合与监督联盟链和私有链

数字检察数据共享联盟链维护的数据，模型规则和线索管理私有链维护的是规则和线索，两个链之间具有强关联性，可以通过区块链的方式融合联盟链和私有链。模型框架建于区块链上，并通过接口的方式访问联盟链和接入私有链，接口作为联盟链和私有链的区块存在。例如，模型需要联盟链中的某些数据，就通过接口的形式获取区块数据，不进行本地存储，然后通过接口的形式调用私有链的规则，模型基于数据和规则运行之后，将推出的线索推送至私有链中，整个过程也是基于智能合约自动执行的，所有操作记录既保存在联盟链或私有链的账本中，也保存在自身区块链的账本中。通过区块链融合区块链的方式，确保系统、信息、数据对接的各个环节均不可篡改，并可溯源，还可实现数据的一致性。

同时，利用区块链实现对联盟链和私有链运行状态的监管，从事前（模型框架内嵌区块链的处理逻辑中）、事中（智能合约）、事后（账本记录）进行全面监管，提高监管效率和监管的有效性。▲

人工智能技术为数字检察战略提供新引擎

文 | 陕西省人民检察院　　范继东

人工智能技术在数字检察工作中的优势体现在通过对数据的分析和学习，帮助检察官从庞杂的信息中迅速提取有效线索，从而提高办案效率和准确性。在办案实践中，通过对海量数据的挖掘和分析，人工智能技术以其强大的数据处理能力和智能分析能力，为提升检察工作效能提供了新的解决方案，为答好"努力让人民群众在每一个司法案件中感受到公平正义"的司法答卷开辟了新的路径。

一、人工智能技术在检察工作中的实践探索

2023年以来，陕西省检察机关应用人工智能技术在数字检察工作个案办理、类案监督、社会治理和辅助决策等方面进行了实践探索，取得了一定成效。

（一）在个案办理中的应用

检察官在办理繁杂疑难案件时，有时卷宗长达几十卷数千页，犯罪嫌疑人、证人的口供有可能出现前后不一致的现象，任何证据疑点都需要检察官逐个审核确认。运用人工智能技术，利用大模型自然语言理解、文书生成、要素抽取、逻辑推理等底层核心能力，开发出个案办理的上层应用系统，该应用通过与检察业务应用系统2.0对接，帮助检察官快速完成案情梳理、证据链构建、文书生成等工作，极大地提高了检察官的办案效率。

通过实践应用，人工智能技术在个案办理中的功能体现在五个方面：一是要素抽取，通过对电子卷宗的快速识别，将案件中的核心要素进行分析提取，并按照不同维度展示出来；二是要素定位，根据要素信息快速查阅与这些要素相关的证据，节省证据查找时

间；三是矛盾检测，智能选择相关证据并进行内容比对，对于同一事实的多份证据智能分析并找出矛盾点，帮助检察官快速定位证据中的核心矛盾；四是证据导图，在系统完成要素梳理以后，基于案件标签体系要素，可自动形成证据链，为检察官提供清晰直观的案情导图，便于回溯整体的案件情况；五是文书生成，基于案件事实快速生成相应的法律文书。

（二）在类案监督中的应用

在数字检察工作中，各类非结构化数据治理是瓶颈问题，针对各式各样蕴含了大量司法认知成果的法律文书，如何准确、高效地提取其结构化要素成为人工智能技术应用过程中必须解决的难题。利用人工智能技术，可实现对 PDF、图片等非结构化卷宗数据的快速处理，可以对同一类案的多份文书进行批量结构化标注，对标注出的数据进行内容检索和智能研判，查找出同类案件的共性问题。

人工智能技术在类案监督实践中的功能体现在三个方面：一是自动标注，利用人工智能“标注成本小、训练周期短、提取效果好”的技术优势，在完成简单手工标注样本的基础上，由人工智能依据手工标注结果自动标注剩余文本，为大数据法律监督工作快速提供数据支撑；二是模型构建，基于自动标注产生的结构化数据，将要素之间的数字化公式生成规则库，再通过规则库的排列组合形成针对不同类案的监督模型；三是线索推送，基于不同规则形成的监督模型，辅助检察官从不同时间、不同地域、不同业务维度发现看似毫无关联的案件背后的线索信息。

（三）在社会治理中的应用

利用人工智能技术的多模态数据处理、自然语言理解、逻辑推理、文书自动生成等能力，推进跨部门数据共享和业务协同，让机器以“类人智慧”进行分析、判断和预测，发掘案件背后更深层次的社会治理问题，提出同类案件社会治理的检察建议和方案，促进法律法规及规章制度的不断完善，堵塞规章制度的漏洞，从而减少或杜绝该类案件再次发生，真正实现“办一案、堵一漏、治一片”的社会成效。

人工智能技术在社会治理应用中，主要有两大核心功能：一是多源数据的智能处理。在检察业务开展过程中，会遇到大量文本、音视频、图片等非结构化数据，这些数据中隐藏着大量的信息，大模型多模态处理能力可以更快地总结出这些数据的规律，提出亟待解决问题的治理方案。二是法律文书的自动生成。通过人工智能技术的大语言学习能力，对全国人大批准颁布的法律法规以及地方性规章制度进行学习，针对社会治理方面发生的问题，结合相关法律法规和规章制度，自动生成检察机关制发的相关法律文书。

（四）在辅助决策中的应用

通过强大的大模型底座，开发面向检察官、司法辅助人员和人民群众的定制化应用。人工智能技术的辅助决策功能，主要有三个方面的应用：一是面向检察官的应用，深度利用检察业务应用系统案件数据，整合各类数据资源，构建权威的案例知识库，搭建知识服务平台，提供知识查询、在线问答等服务，为检察官办理案件提供智库支撑。具体应用领域，主要为检察官提供法律知识问答、公文编写、会议纪要整理等办公方面的智能支持，能够让检察官从繁杂的公文编写工作中抽出来，腾出更多的精力在案件办理中。二是面向司法辅助人员的应用，建设包括检察人员库、组织机构库、法律文书库、数字图书馆、案例库、检务知识库、检务语音资源库、视频图像资源库、涉检全国信访数据库等基础资源库，涵盖各检察业务、各诉讼阶段的检务大数据资源库。具体应用领域，主要通过可视分析、模型分析、多维分析、案件协作等功能，实现对全省案件情况态势感知，对于案情分析、案件趋势等进行智能预测研判。三是面向人民群众的应用，构建便民智慧服务平台，建设"秦检为民"公共法律服务平台。具体应用领域，主要是结合12309检察服务平台，提供法律咨询虚拟人服务，线上、线下自动回复群众法律相关问题。

二、人工智能技术在检察工作实践中面临的风险

人工智能技术在陕西省检察机关已经得到了初步运用，检察官利用检察大模型人工智能技术，对案件信息进行要素智能抽取、数据智能分析，通过大数据的关联分析、深度挖掘，把信息技术作为法律监督的新质生产力，办案质效得到进一步提升。但我们也清醒地认识到，创新发展永无止境，科学技术是一把双刃剑，我们必须不断探索和完善，才能确保人工智能技术与检察工作的深度融合。当前，人工智能技术在检察工作应用实践中存在五个方面的风险。

（一）机械司法的风险

在司法过程中，规则对于具体案件结果具有重要影响，规则强调非黑即白，但却并非唯一因素。适用规则可以带来非黑即白的确定性，但却可能导致规则机械化，不利于作出具有合理性的司法判决。在检察机关司法实践中，法律监督应当在个案中结合规则和标准，实现负责任的判断，完全简单依赖规则的法律适用将无法实现真正的良法善治。引入人工智能技术后，如果简单地以人工智能的规则作为法律监督的最终依据，将导致检察工作机械化。

（二）人机决策的风险

将人工智能技术运用在检察工作中，对于人工智能给出的信息与建议，检察官如果完全按照人工智能给出的结果作出判决，实际上是将检察权交给了机器；如果仅将人工智能给出的结果作出可有可无的参考，忽视人工智能辅助办案的存在，人工智能发挥不了应有的作用，这就与信息技术发展的方向背道而驰。

（三）配合制约的风险

在我国法治化建设中，各政法单位存在横向和纵向上的制度设计。横向来看，各级公安机关、检察院、法院、司法机关分工负责，互相配合，相互制约；纵向来看，不同级别的司法机关行使各自职权，特别是不同级别的人民法院依法独立行使审判权，我国的司法权并非单一化的。但如果人工智能技术被各层级的政法单位运用，特别是都使用同一套人工智能辅助系统，那么各单位可能作出相似的司法判断，相互配合、相互制约的制度就会受到影响。

（四）司法伦理的风险

人工智能算法可能会出现系统性偏差，所依赖的大数据可能存在错误，也可能会歧视某些特定群体，这些问题常常隐藏在人工智能算法的代码之中，而算法又难以被普通人理解，还可能受到商业秘密的保护。此外，人工智能算法还可能存在程序性问题，如果人工智能司法辅助系统不注意合理的程序性设置，个体可能就无法感受到对司法的参与；而个人的司法亲历性一旦缺乏，那么即使人工智能给出了合理有效的司法建议，其也无法获得当事人的认可。

（五）数据安全的风险

司法办案中会产生大量数据，特别是涉及国家层面的“四大库”数据，是决定国家政治命脉、经济命脉和军事强弱的关键因素，国与国之间的竞争焦点将从实物财产转向数据资源。未来，拥有对海量数据开发、传播和控制主动权和主导权的国家，就拥有数据主权，从而获得大国博弈的竞争优势。人工智能技术的高效运行就是对这些数据的学习推理，如果直接将人工智能技术应用于司法办案中，将相关办案数据在没有安全防护的环境中进行处理，很可能发生数据泄露，由于案件本身就带有很强的舆论影响力，一旦被不法分子利用就会造成严重后果。

三、人工智能技术在检察工作中应用前景展望

近期，陕西省人民检察院按照最高检《“十四五”时期检察工作发展规划》《数字检察建设规划》，依据《陕西数字检察“十四五”规划》，编制了《人工智能在数字检察中的应用规划（2024年—2026年）》，对未来3年人工智能技术在检察工作领域的应用作了设计规划。

（一）目标任务

在“个案办理”方面，实现法律监督案件全覆盖；“类案监督”在业务上持续延伸，推动类案监督成果向社会治理效能转化，有效助力司法行政部门提升社会治理能力；建设融合数字办案平台，让认知大模型成为检察官的智慧工作助手，有效利用认知大模型文生图、文生视频能力帮助检察官还原案件全貌；编制个案办理工作指引，升级建设检察策略智库，将办案指引、案例库、办案经验作为知识库，让认知大模型进行不断学习，为检察官办理疑难案件提供精准的策略指引和辅助；将人工智能技术运用于12309检察服务，提升服务人民群众效力，促进司法执法规范化、咨询服务快捷化，为人民群众提供更加人性化的法律咨询服务。

（二）实现路径

规划分三年实现，每年设定具体目标任务。2024年，搭建认知大模型能力平台，围绕“个案办理”“类案监督”等进行应用场景探索，其中“个案办理”实现法律监督案件覆盖率超过50%，丰富要素抽取、要素定位、矛盾检测、证据导图、文书生成等功能；“类案监督”包括搭建多源异构文本解析平台、法律监督模型平台、法律监督线索平台和对接数据中台等基础平台，为获取多源多结构数据作为法律监督数据来源奠定基础。2025年，深化人工智能技术与检察业务应用、移动办案等应用场景的融合，其中“个案办理”实现法律监督案件覆盖率超过70%，拓展办案指引能力；在“类案监督”方面，为个案办理进行类案信息推动，为社会治理能力提升提供数据依据。2026年，充分运用人工智能技术能力，全面赋能数字检察工作，建设检察策略智库和司法为民能力引擎，全面赋能全省检察业务应用。

（三）功能定位

人工智能在赋能数字检察发展的同时，也引发了检察机关法律监督权运行方式的合法性危机与挑战，需要明确三个方面的功能定位：一是定位为辅助功能，而不能替代人类成为检察官，尤其是法律监督的核心业务，仅能由检察官来依职履行，而不能交由人工智能完成。二是定位为信息数据收集处理功能，应当以不侵犯公民隐私权和个人信息权为限度，要从技术方案和法律规则的双重角度，对生成式人工智能中的法律问题进行治

理。三是定位为确保程序性公平正义的功能，在数字检察中引入人工智能技术可能会引发正当程序危机，应当遵循司法规律和正当程序的基本要求，保障司法公正。

人工智能作为时代产物，其在检察机关法律监督工作中的应用顺应了时代发展的潮流和趋势，不仅会产生“智能检察权”等新型权力行使形态，也会带来法律制度的重大变革。面对即将打开的“潘多拉魔盒”有人忧心如焚，有人翘首以盼，但无论如何等待我们的将是一个充满无限希望与挑战的明天。▲

基层检察院高质效办案数字化赋能路径的多维度探索

文 | 河北省枣强县人民检察院　任　荣　马　涛　顾东焕

一、基层检察院数字检察的探索、应用和实践

为进一步促进大数据法律监督模型建用结合、务实管用，在更大范围、更广层面赋能法律监督提质增效，2022 年以来最高检连续两年举办了全国检察机关大数据法律监督模型竞赛，从一千多个法律监督模型中相继评选出上百个优秀模型。河北省检察院加强组织领导，统筹全省建设涉罪未成年人帮教平台、公益诉讼检察大数据智能化应用平台等。为深入贯彻落实上级院部署安排，枣强县检察院积极响应、快速行动，结合县域特色优势，从工作实际中挖掘、总结类案线索，从初步探索到逐步完善再到全面延展，依法履职，逐步推进基层检察工作现代化。

（一）对法律监督模型的初步探索阶段

2022 年 6 月，最高检召开全国检察机关数字检察工作会议，要求加快数字检察建设，以"数字革命"驱动新时代法律监督提质增效。同年 7 月，枣强县检察院在开展最高检刑事裁判涉财产部分执行法律监督活动中发现，枣强县法院部分财产刑执行案件应移未移、立案不及时等问题突出。针对以上情况，采取"小切口，轻应用，快响应"的方式，自主研发建成了"财产刑执行监督模型"。经多次修改完善，模型通过预先设置的不同演算规则，实现刑事生效案件数据库、刑庭移送立案数据库、立案庭立案数据库、执行局执行数据库，和已纠正过类似问题的纠正数据库五大数据库之间的对比碰撞，从而筛选出法院刑庭应移未移、立案庭超期立案、执行局超期结案三个领域案件线索。

在演算规则上，聚焦应移未移违法问题，将检察数据库导入，通过模型自动清洗功能，

筛除判处缓刑、无罚金刑的案件及危险驾驶等可能主动缴纳的案件后，与立案数据库进行对比。筛选出检察数据库中多于立案数据库的数据。结合案卷材料核实后，最终确定刑庭未移送的案件。聚焦立案庭超期立案违法问题，设置超期立案的演算规则，是通过各数据库之间姓名、身份证号等共有字段，以移送立案日期为变量A，以立案日期为变量B，模型自动判断变量B减去变量A的结果与规定的7日内移送的数量关系。小于等于7的结果判定为合格，大于7的结果判定为异常，并将异常数据导出为超期案件筛选结果。将超期案件筛选结果和已纠正数据库进行对比，筛查出尚未纠正过的立案庭超期立案情况。再结合案卷材料逐个核实后，最终就能确定立案庭超期立案案件。聚焦执行局超期结案违法问题，将立案数据库和执行数据库进行对比，以结案日期为变量C，立案日期为变量B，模型自动判断变量C减去变量B的结果与规定的6个月内办结的关系。小于等于6个月的结果判定为合格，大于6个月的结果判定为异常并导出。结合案卷材料核实后，最终确定执行局超期结案案件。

在监督效果上，以超期立案为例，通过调取2021年以来的2000余条数据，对比碰撞出100余条线索，针对核实的40条问题线索，书面纠正28条，口头纠正12条；针对模型碰撞中汇总出的立案庭未及时立案等共性问题制发检察建议，县法院均回复并采纳。通过模型监督，提高了财产刑执行检察监督效率，促进了法院转变司法理念，树牢了依法办案、规范办案的意识，实现了从“有错必纠”到“无错可纠”的目标。

（二）法律监督模型的逐步应用

2023年，枣强县检察院总结模型建设经验，在全院范围内开展更深层次的模型建设和应用。通过召开周例会、党组扩大会等研究讨论，一致同意结合县域正在开展的扬尘污染整治专项活动，在公益诉讼领域开发建设相关模型，提升法律监督质效。同年3月，在办理某企业涉嫌污染环境案件时发现，该企业作为应税排污单位从未申报和缴纳过环境保护税，进一步走访调查发现此现象普遍存在，但由于税务部门与生态环境部门及其他应税企业备案管理部门之间信息沟通不畅，难以及时、全面掌握应税企业情况。据此决定自主研发构建“以税治污”法律监督模型，开展类案监督实现社会治理，为环保大格局贡献检察力量。模型建成并实践应用后经衡水市检察院在全市11个县市区院大力推广，特别在河北省检察院部署开展“燕赵山海·公益检察”护航美丽河北建设专项监督以来，不断优化升级和深化应用该模型，监督领域更加丰富、功能更加完备、效果更加显现。该模型2023年度荣获河北省大数据法律监督模型竞赛二等奖。

模型以环境保护税法所规定大气、水、固体废物和噪声四大领域对应的应税污染物种类为主要监督对象，下设4个基础模块和房地产建设项目扬尘污染、畜禽养殖污染等13个子模块。通过提前预设关键词、逻辑计算规则及税额计算公式，只需简单操作即可快速输出结果，层级分明、应用简单、高效精准、开放包容。以房地产建设项目扬尘污染领域为例，从税务部门调取的房地产建设项目缴纳环境保护税企业数据作为变量A，从政府信息公开网及住建部门调取的该项目企业备案数据作为变量B，在A中提取企业名称、日期、金额等要素；在B中提取建设或施工单位、面积、开工日期等要素，以企业名称为关键词进行碰撞。用B减去A，过滤出相同企业后即为应缴未缴企业数据，同时模型还能通过提前预设的计算规则，运算得出已筛选企业的应缴税额。

在应用办案数量上，截至目前，枣强县检察院依托此模型办理各类公益诉讼案15件，完成380余家漏缴企业460余万元税收追缴入库，整治污染企业5家；在扬尘污染专项治理中，对两家污染严重企业建议将纳税系数由0.48上调为0.623；通过行政违法行为监督，督促税务机关退回10家畜禽养殖户不应缴而缴税款25.27万元；排查刑事立案监督线索13条、非诉执行监督线索3条、民事监督线索1条，实现“四大检察”融合监督；针对农业农村和环保部门监管漏洞制发社会治理检察建议。

在促进社会治理上，助推部门协同共治，构建环境保护大格局。一是主动加入枣强县“财税大数据决策支撑系统”平台，实现“融入式”监督税收征缴情况，通过线上涉税数据交换与线下文书传递相结合的方式形成环境保护税征收管理闭环监督；二是破解部门间信息壁垒难题，助推税务部门与十家单位建立《枣强县施工扬尘环境保护税消减系数核定操作规程》；三是牵头与税务、环保、住建、水利等部门共同制定《枣强县环境保护税涉税数据共享协作机制》，促推环保部门制定出台多个治理方案，推动住建部门开展“扬尘污染防治样板工程创建”工作；四是助推应税企业实现绿色发展。通过专项治理，“多排多缴、少排少缴、不排不缴”税制设计逐步引起企业重视，排污减污意识不断增强，环保设备投入不断加大，节能减排、绿色转型升级步伐加快，有效防治了环境污染。

二、大数据法律监督平台建设及应用情况

大数据法律监督是一项系统性工程，不是简单对数据进行加工和利用，而是对检察履职办案进行的数字化革命，从根本上改变传统检察工作的模式。枣强县检察院将其作为“一把手”工程，成立由检察长任组长的领导小组，各部门抽调精干力量组建工作专班。结合最高检“检察护企”专项行动部署要求，以服务枣强县地方经济大局，保护、促进民营企业健康发展为目标，立足检察职能，目前正在筹备研发“检企E心”微平台，争取实现线上线下一体为企业提供全方位法治服务的检察工作站。

“检企E心”微平台旨在顺畅检企沟通渠道，打通检察服务企业的“最后一公里”。一是依法平等保护各类经营主体合法权益。充分履行“四大检察”职能，营造法治化营商环境。二是加强宣传引导，预防犯罪，增强企业及内部人员法治意识。三是优化监督效能，严惩违法违规行为，全流程监督引导，共同营造良好法治环境。四是促进沟通互动，搭建在线交流平台，解答企业面临法律问题，降低企业经营风险，增强检企互信。同时该平台与县人大、政协、工商联、律师协会等部门建立联动机制，构建高质效协作、无缝对接的护企新模式。

枣强县检察院多方调研该平台建设必要性和可行性，统筹综合调研整体情况，构建出该平台基础功能，一是发布枣强县检察院开展的保护企业各项活动；二是发布涉企业的相关法律法规、企业在经营过程中的法律风险提示以及最高检、最高法的涉企典型案例；三是收集企业家对护企工作的意见建议以及侵害企业行为的线索。调研沟通中县人

大、政协、工商联均反映该平台能够有效协调各部门之间配合，为企业提供便捷、精准、高质量服务。企业家们纷纷表示该平台能够提供精准的法律服务、常用法律法规、便捷政策查询等，为企业健康合法发展提供有力支撑。下一步枣强县检察院将充分结合县人大、政协、工商联、律师代表、企业家代表的意见及需求，对平台进行进一步完善，以推广和应用为着力点，让更多“沉睡”的数据转化成“护企”实效，为服务枣强经济社会高质量发展发挥更大作用，不断推动大数据法律监督平台建设再上新台阶。

三、大数据法律监督工作的下一步展望

当前，枣强县检察院数字检察与大数据法律监督工作已取得一定成效，但我们同时也清醒地认识到，目前该项工作尚处于起步阶段，还有不少问题亟须解决。如仍有检察人员认识和理解还较片面，简单将数字检察与信息化建设、法律监督应用模型设计画等号；过分依赖应用模型开发，过于追求模型建设等。这都是当前检察履职与大数据法律监督在理念、体系、机制、能力等方面的融合、交互不够，根本要靠转变思维、推动融合、提升能力予以解决。

（一）增强数字思维

充分认识数据在检察工作高质量发展中的重要作用，增强数字思维、数据理念、数据意识，做实数据治理、聚合、管理、应用。善用、活用、用足检察内部数据，特别是全国检察业务应用系统2.0、检察案例库、检察文书库、检答网、正义网等汇聚的大量检察数据，让数据“开口说话”，为推动检察工作科学发展、高质量发展赋能。还需要积极拓展和合理使用外部数据，在更高层次、更广范围内推动数据共享共用。主动融入数字政府建设和法治信息化工程，打通横向共享交流平台。坚持“不求所有，但求所用”，主动加强与其他行政机关、执法司法机关沟通协作，实现沟通关联、共享共用，不断提高对数字检察工作发展规律的把握能力，使大数据在实现检察工作现代化、推进中国式现代化建设中发挥更大作用。

（二）树牢业务导向

推进数字检察战略必须基于业务部门履职、具体监督办案。只有这样，大数据法律监督才不会“闭门造车”，数据分析才不是“无源之水”。一线办案检察官是构建监督模型的“主力军”，各业务部门是实践应用监督模型的“主战场”。办案检察官必须进一步强化数字意识，主动把监督模型的建用作为提升和改进法律监督方式的重要手段。检察官要善用数据，聚焦主责主业，紧扣服务大局热点焦点、执法司法突出问题、社会治理薄弱环节，善于从个案中发现类案线索，梳理出一般特征、提出技术需求，随后与相关部门共同生成算法、建立模型，为更好开展监督提供支撑。

（三）坚持一体履职

当前各地开展数字检察的领域多集中在刑事、公益诉讼检察上，民事、行政检察领域较少。民事、行政检察虽是检察机关的短板弱项，但更是保障人民群众合法权益的重要途径。因此必须通过大数据法律监督，努力推动“四大检察”全面协调充分发展。在纵向一体化方面，上级院负责顶层设计和推广应用统筹工作，基层院负责在办案应用中发现深层次问题、梳理监督规则、提出建模思路、应用监督模型等任务；在横向一体化方面，加强信息技术与检察业务的深度融合，推行“检察

官主导、技术人员辅助”的协同作战模式，根据不同业务需求成立专门的“数字检察办案小团队”，把数字检察工作量化、压实到每一个小团队，推动一体化融合式办案。比如，枣强县检察院着手构建“以税治污”法律监督模型时，成立“业务+技术”的7人工作团队，办案人负责从个案中总结监督规则、提炼数据要素，技术人员运用数据碰撞比对方法，从计算机逻辑运算角度辅助办案人员梳理建模思路，从而避免了业务与技术脱节。▲

浅议如何推进数字检察融入基层检察工作

文 | 宁夏回族自治区泾源县人民检察院　　孙　岩　杨　红

数字检察是检察机关顺应时代要求的创新实践，是推进检察工作转型跨越发展的关键之举，是实现检察工作现代化的重要引擎。如何实现数字检察贯穿检察工作始终？如何在检察业务中充分利用大数据法律监督？如何让数字检察助推检察工作现代化？这都是新时代检察人必须掌握的理念和技能。笔者从对基层检察院数字检察开展中存在的问题进行梳理，提出浅薄的应对建议。

一、对基层检察院开展数字检察现状的体会

2023 年全国检察机关大数据法律监督模型竞赛的举办，使数字检察的发展展现出极为不平衡的现状：中东部地区数字检察轰轰烈烈开展了好几年，已经初具规模、成效明显；西北地区的数字检察才起步，对数字检察的理解、软硬件设施、发展环境都远远落后。笔者自 2023 年 3 月开始筹备建立大数据法律监督模型，经参加全区大数据法律监督模型、全国大数据法律监督模型，对基层数字检察工作现状有以下体会：

（一）对数字检察的理解浮于浅表

数字检察作为新时代检察事业发展的新名词，具有划时代的意义。基层检察院在对数字检察的理解上局限于检察业务中的数据分析，偏浅的认识造成基层检察院在开展数字检察过程中出现偏差：一是把所有的精力投入到“四大检察”业务中，而忽略了数字检察在人事、行政等方面的发展；二是出现业务与技术“两张皮”现象，即检察官认为数字检察是技术部门的工作，而技术部门苦于“巧妇难为无米之炊”的困境。

（二）大数据思维模式尚未形成

在检察业务中，大数据思维模式能够实现从个案监督向类案监督的转变，从而优化司法资源，实现检察监督的现代化。基层检察院在开展数字检察工作中，习惯于传统的办案模式，受“就案办案”定式思维影响，对大数据思维的认识存在偏差：一部分人认为大数据法律监督思维模式必须实现所有工作数据的共享化和集中化，这样的情况下才能达到大数据的分析比对；一部分人认为利用大数据分析比对必须使用先进的数据分析比对技术支撑，要以建设大数据平台为前提。还有一部分人认为数字检察与己无关，对于数据不愿用、不会用、不善用。此种认识的偏差，导致在工作、办案中不能及时收集、提取数据，同步推进监督模型的建立，从而影响基层检察院开展数字检察的成效。

（三）数据保存、应用中保密意识不强

笔者观察多个基层院在建立大数据法律监督模型中对数据的保存应用，虽然一再强调数据的保密性，但是由于重视度、保密意识等方面的因素影响，所调取的数据安全隐患依然存在：一是在数据提取过程中，不能使用专门的提取工具、储存工具；二是数据保存、数据分析中虽然能够做到专机保存，但数据分析过程中泄密风险较大；三是受技术限制，不能实现数据统一保管、统一使用、统一销毁。数据安全是数字检察工作开展过程中的重点和难点，也是基层检察院在开展数字检察工作中的壁垒之一。

二、对数字检察融入基层检察工作的几点思考

数字检察是法律监督手段的革命，其根本是赋能检察机关法律监督，促进检察办案更加公正、检察管理更加科学、检察服务更加精准，推进检察工作现代化。[①] 检察工作中的绝大多数业务在基层开展，因此数字检察只有融入基层检察工作中，才能真正体现数字检察的意义和质效。

（一）牢固树立大数据思维

思想是行动的先导。切实推进数字检察融入基层检察工作的前提是基层检察人员必须树立大数据思维。思想上对大数据有了深入的认识和理解，才能在工作、办案中建立数据意识，才能愿意使用数据、会使用数据、善于使用数据。因此，必须转变办案理念，摒弃“就案办案”的传统思维模式，树立大数据思维，积极适应新时代新形势新要求下检察工作发展新理念。

（二）牢牢坚持业务导向

数字检察是对检察履职的数字化革命，从根本上改变传统检察工作模式，促进检察机关适应信息时代的新发展要求。数字检察的出发点和落脚点都是检察工作的主责主业——法律监督工作。这就需要我们深刻地理解和认识数字检察是什么、干什么、怎么干，真正将“业务主导、数据整合、技术支撑、重在应用”的数字检察工作机制运用到具体的检察实践中。[②]

（三）切实推进数检融合

数字检察纵深开展的关键在于检察业务与信息技术的融合。数字检察建设的根本目的是

①《牢牢坚持“从业务中来，到业务中去”——“数字检察”系列社评之三》，载《检察日报》2023年7月3日。
②《把握数字化建设大势加快推进数字检察战略——“数字检察”系列社评之一》，载《检察日报》2023年6月25日。

应用，而检察机关的主责主业是法律监督，因此在法律监督中实现数据应用，就必须将检察业务与信息技术融合。要整体推进工作，逐步实现同一平台、数据共享、一网运行、一网运维，要实现这个目的，全体检察人员必须树立数据检察工作大格局，理顺数字检察与信息化管理，主动融入地方数字政府建设，打通横向数据共享交流壁垒，强化法律监督模型研发应用，注重实效性，为大数据法律监督平台建设、应用、完善、奠定基础。▲

检察技术助力破解环境公益诉讼线索发现、调查取证难题

——江苏省东海县人民检察院督促整治报废机动车回收拆解行业环境污染行政公益诉讼案

文｜最高人民检察院检察技术信息研究中心　郭　超
江苏省东海县人民检察院　张　博

生态环境公益诉讼办案中存在环境污染线索发现难、调查取证难等问题，影响检察机关公益诉讼办案质效。本案中，针对报废机动车回收拆解行业存在的环境污染治理难题，检察技术人员协助检察官发现案件线索，指导水和土壤样品采集并进行检验鉴定，为准确查明环境污染损害公益事实提供重要证据和技术支撑，推动行政机关协同开展行业系统治理，有效维护国家利益和社会公共利益。

一、简要案情

近年来，东海县兴建循环经济产业园，引导商户入园经营。但限于商户众多、园区承载力有限等原因，园区外非法拆解行为时有发生，部分商户随意倾倒、焚烧机动车拆解垃圾等行为依然存在，威胁当地生态环境安全。

2023 年 3 月，当地生态环境部门向检察机关通报了一起非法填埋固体废物污染环境案件线索，检察机关受理并提前介入开展调查工作。经查，涉案填埋物主要为黑色块状胶结物、带油污污泥和汽车内饰装饰塑料等，属于机动车拆解行业特有固体废物。检察机关先后走访县商务、交通运输、生态环境等部门及某镇政府，了解近年来各行政机关查处涉报废机动车回收拆解违法行为情况，初步掌握某镇及周边乡镇涉报废机动车回收拆解行业存在环境污染问题。在本案中，检察官亟须获取证明环境污染损害公益事实的证据，遂委托检察技术部门进行技术协助和检验鉴定。

二、技术辅助情况

（一）数字思维引领，助力线索发现

检察技术人员运用数字检察思维协助检察官发现线索，通过调取县行政审批局涉报废机动车回收拆解企业、商户注册信息，生态环境局企业环评许可、排污许可数据，结合天眼查平台查询相关信息并进行对比，筛选出东海县某镇共有涉报废机动车回收拆解相关产业的公司、商户1600余家，但大部分未取得环评许可、排污许可，存在环境违法行为。

（二）技术手段赋能，开展调查取证

针对机动车拆解行业污染环境线索，检察技术人员利用无人机对东海县某镇及周边乡镇进行巡航，查看涉机动车拆解企业、商户分布情况，并制作现场采样方案，在循环经济产业园区外布设水和土壤样品采集点69个。协助检察官开展样品现场采集（如图1、图2所示），共采集和保存水和土壤样品138份，其中利用无人机在河道中央区域提取水样5份。

待采集样品送至最高检司法鉴定实验室后，技术人员按照规范要求开展实验室检验鉴定，出具鉴定文书。经鉴定，49%的涉案土壤样品中石油烃、重金属等污染物超过国家标准限值，其中部分样品中重金属镉超标高达23倍（检测结果统计表如表1所示）。

表1 检测结果统计表

土壤样品编号	石油烃（mg/kg）	Pb（mg/kg）	Cd（mg/kg）	Cr（mg/kg）	As（mg/kg）	Ni（mg/kg）	Cu（mg/kg）
TSY001-1	23	22.68	低于测定下限	67.34	7.57	48.00	32.46
TSY002-1	50	29.40	低于测定下限	62.99	19.37	35.31	48.60
TSY003-1	74	19.94	未检出	40.16	10.46	23.97	39.50
TSY004-1	25	226.79	3.54	221.38	21.16	57.11	230.24
TSY005-1	23	39.40	低于测定下限	69.85	8.68	27.78	67.59
TSY006-1	29	33.42	未检出	101.21	41.45	52.72	40.73
TSY007-1	121	28.39	低于测定下限	88.90	6.37	57.68	102.42
TSY008-1	78	12.69	未检出	48.65	5.18	17.69	51.29
TSY009-1	29	32.80	低于测定下限	68.59	10.44	29.80	30.89
TSY010-1	35	19.90	未检出	66.05	14.71	29.33	25.73
TSY011-1	44	102.97	1.36	927.00	13.41	16.81	29.51
TSY012-1	637	59.53	1.15	969.77	30.79	38.55	104.39
TSY013-1	79	16.09	低于测定下限	35.65	2.07	12.05	33.27
TSY014-1	50	17.46	未检出	70.12	9.67	30.48	31.80
TSY015-1	36	19.20	未检出	119.99	51.71	51.14	61.58
TSY016-1	2115	584.99	7.25	214.39	22.70	82.65	1310.31
TSY017-1	320	588.14	7.12	144.24	35.84	29.68	187.70
TSY018-1	89	95	0.92	125	8.8	29	77.1
TSY019-1	75	125	1.38	436	9.8	15	170
TSY020-1	126	314	4.06	442	21.2	30	383
TSY001-2	未检出	29	低于测定下限	31	31.4	27	31.2
TSY002-2	175	210	13.3	188	32.5	81	598
TSY003-2	31	18	低于测定下限	94	28.5	44	48.8
TSY004-2	35	19	低于测定下限	61	12.8	25	45.8
TSY005-2	415	33	低于测定下限	75	12.0	30	91.1
TSY006-2	未检出	22	低于测定下限	86	11.1	29	48.7
TSY007-2	593	60	0.37	172	12.4	35	59.7
TSY008-2	358	47	0.45	35	5.6	15	32.3
TSY009-2	低于测定下限	26	低于测定下限	48	17.9	33	28.0
TSY010-2	172	26	低于测定下限	68	9.2	36	41.8
TSY011-2	5058	162	0.99	201	19.9	47	120

>> 图 1 采集土壤样本

>> 图 2 无人机采集水样

检测结果表明，涉案土壤已受到严重污染，损害了国家利益和社会公共利益。2023 年 6 月，检察机关依法对当地报废机动车回收拆解行业环境污染问题以事立案。

立案后，检察机关积极与生态环境部门及相关乡镇政府开展磋商、制发诉前检察建议，依法督促其履行生态环境监管职责，对已查明的涉案污染事实查处整改。

（三）实质参与办案，推动系统治理

针对东海县涉报废机动车回收拆解商户多、分布散、易反弹等特点，检察技术人员实质化参与案件办理，协助检察官向县商务、公安、市场监管、生态环境及某镇政府等单位通报检验鉴定结果，并参与撰写东海县报废机动车回收拆解行业发展现状调研报告。目前，已推动开展全县报废机动车回收拆解行业专项整治行动，明确了相关职能部门的任务分工，厘清了相关职能部门的职责权限，规范了行业行政执法。通过开展诉前磋商、制发诉前检察建议等形式，推动东海县政府联合开展全县报废机动车回收拆解行业专项整治行动，逐步引导“散户入园”、集中发展、绿色发展，实现个案办案到行业治理。同时，检察机关秉持双赢多赢共赢理念，一是成立护航再生资源企业发展检察工作站，为涉机动车回收拆解产业健康发展提供司法保障，开展涉机动车拆解行业法治宣传。二是积极与县公证处探索建立公益诉讼损害赔偿资金监管机制，破解生态环境修复资金监管难题。机制建立以来，检察机关已督促责任单位或者个人缴纳生态环境损害赔偿保证金 360 余万元。

三、典型意义

针对报废机动车回收拆解行业突出性、普遍性和反复性环境污染治理难题，检察机关依法履行公益诉讼检察职能，充分借助检察技术部门开展环境公益损害线索排查、样品现场采集及检验鉴定等工作，准确查明环境污染损害公益事实，并推动党委政府及相关职能部门协同开展系统整治，依法取缔非法拆解点，引导商户入园规范经营，消除环境污染风险，促进报废机动车回收拆解行业健康可持续发展。▲

检察法医出庭现状及相关问题思考

文 | 四川省人民检察院　李忠华
四川省泸州市纳溪区人民检察院　涂友才
四川省泸州市人民检察院　王路艳

检察机关法医人员主要从事检验鉴定和技术性证据审查工作，对“四大检察”发挥着重要的支持保障作用。当前，以审判为中心的诉讼制度改革和构建以证据为核心的刑事指控体系对证据审查认定提出了更高要求。因此，检察法医人员除在案件办理中做好鉴定和审查外，还出庭支持公诉，参与对案件专门性问题的质证，确保案件的顺利起诉亦尤为重要。本文在简要概述检察法医出庭两种形式基础上，通过对S省检察法医出庭现状进行分析，着重探讨了检察法医出庭存在的问题，并对如何做好检察法医出庭提出一些行之有效的措施。

一、检察法医出庭两种形式及其比较

（一）检察法医出庭形式

检察法医出庭可分为两种形式，即分别以鉴定人和有专门知识的人身份出庭。鉴定人出庭是庭审时检察法医对自己做出鉴定意见的阐述，而有专门知识的人出庭一般包括受检察机关委托在庭审或听证会上发表专门性意见支持案件办理的行为。

（二）不同出庭形式间比较

经比较，两种出庭形式具有以下异同。相同点：一是两种出庭形式下检察法医均有公职人员的身份与属性；二是两种出庭形式下检察法医均是就专门性问题发表自己的意见，且两种出庭涉及专门性问题的范围是一致的。不同点：一是两种形式下检察法医定位不同。作为鉴定人身份出庭时，检察法医是对自身出具的鉴定意见作出解释，地位“相对中立”。但作为有专门知识的人出庭时，一般是受公诉方聘请，出庭目的是支持公诉，不具有中立性。二是原则上，作为有专门知识的人出庭对检察法医各方面要求会高于以鉴定人的身份出庭。鉴定人出庭只需具备鉴定资格即可，但作为有专门知识的人出庭对学历、职称、行业声誉都有一定要求。三是有专门知识的人出庭具有可选择性，但鉴定人无正当理由拒绝出庭的，其鉴定意见将不予采信。

二、检察法医出庭现状及其分析

本文以S省近五年检察法医人员办理案件及其出庭情况为基础，对检察法医出庭现状及其存在的问题分析如下：

（一）S省检察法医近五年出庭情况

在出庭次数与比例上，根据检察业务应用系统统计和调查分析，近五年S省检察法医共办理检验鉴定、技术性证据审查和技术协助案数15000余件，但各类出庭总数仅为21次，出庭率为1.4‰。其中，作为鉴定人出庭1次，有专门知识的人出庭20次。同期，仅S省L市一市公安法医出庭数达18次。显然，检察机关法医出庭比例较低；在出庭效果上，据承办检察官反馈，鉴定意见或专门性意见最终虽均被采纳，但庭审效果却参差不齐。

（二）关于出庭比例较低原因分析

一是检察法医工作内容决定了检察法医出庭率不会太高。当前检察法医案件办理中鉴定案件数较少，技术性证据审查比例占据了绝大部分。而司法实践中法庭对鉴定人出庭的需求高于有专门知识的人出庭需求，因此检察法医出庭的比例应小于公安鉴定人出庭。二是部分检察法医存在一定本领恐慌和畏难情绪，不敢或不愿出庭。三是检察法医出庭激励机制缺乏。一方面，检察法医出庭一般被定性为职务相关行为，难以享受高校或社会鉴定机构法医人员出庭所获得的经济收益；另一方面，检察法医出庭人员无论以何种形式出庭，都是以公职身份参加的，一旦庭审效果欠佳甚至出现失误，将会对其职业生涯产生较为不利影响。

（三）关于庭审效果欠佳原因分析

经对S省检察法医调查反馈并结合笔者个人经验，部分检察法医庭审效果不佳甚至出现失误的原因主要有以下几点：一是自身专业知识储备不足。需要说明的是，除法医学专业知识必须掌握外，与鉴定相关的法律性知识和心理学知识的储备在出庭环节中也十分重要。二是未与检察官做好庭前沟通准备工作，从而不能充分应对律师各种提问。三是庭审技巧掌握不够熟练，对于律师提出的“绝对性”等诱导式、陷阱式问题不能有效应对。四是出庭少或从没有出过庭，导致相关经历缺乏。

三、检察法医出庭中对“绝对性”问题的认知与应对策略

检察法医出庭中，不可避免地会面对辩方律师各种“绝对性”问题。由于该类问题出现频率较高，且检察法医一旦处理不好，将会导致庭审效果较差，甚至最终案件结果被改变。对此，有必要单独予以分析说明。

（一）“绝对性”问题概念与特点

在法庭调查和辩论阶段，律师针对某项专门性意见提出某种情况是否必然导致某种损害结果发生的这类问题，我们将其称为“绝对性”问题。该类问题多出现于死因鉴定、致伤工具推断、伤病关系分析等需要鉴定人或有专门知识的人结合专业知识和个人经验才能作出最终意见的问题上，而在主要依靠仪器检测的毒物或DNA鉴定意见上相

对较少。律师往往针对“绝对性”问题常配合以“是或否”的限定式回答方式。当鉴定人或有专门知识的人按照其限定方式回答时，都将必然被动地落入其预先设置的陷阱中去。

（二）“绝对性”问题实质及其应对策略

“绝对性”问题是辩护律师利用逻辑学的一种诱导性、陷阱性攻击手段。在专门性问题解决上，任何鉴定意见或专家意见的作出都是根据案件中获得的信息与已有的系统化信息（经验、知识总结和标准等）进行比较的过程。相关意见作出的过程必然有个人主观判断的参与。因此，无论是鉴定意见还是专家意见确实存在着天然的局限性。但应当说明的是，针对鉴定意见这种局限性，案件办理中是不能用非黑即白的简单方式予以理解与运用，更不应该作为无理攻击的手段。实际上，任何鉴定意见或专家意见本身的采纳都是需要和其他在案证据互相印证后综合使用的。

那么庭审过程中，检察人员应当如何面对“绝对性”问题呢？笔者认为可从以下两个方面入手：一是检察法医要掌握“正面而非直接性”的回答技巧。在回答过程中不能简单回答是或者不是，而是从问题背后所要解决的证据问题入手，以逻辑性、专业性叙述方式分析问题、阐述意见。二是检察法医应与案件检察官做好充分沟通准备。在律师提出该类问题后，除检察法医进行专业阐述外，承办检察官应从全案掌握的其他证据入手对相关意见予以印证。

四、检察法医如何做好出庭

结合前述对出庭效果问题及其原因分析，现就检察法医如何做好出庭工作，确保检察机关高质效办案，提出以下措施：

（一）确保出庭意见准确

检察法医出庭必须保证鉴定意见或专家意见是正确的。如果意见本身存在错误或经不起推敲，那么再多的出庭技巧都是无用的，所谓打铁还需自身硬即如此。对此，在检察法医日常工作中，特别是对疑难复杂案件的技术性证据审查意见出具时，为防止个人主观性和片面性，原则上应由两名以上法医鉴定人参与为宜。必要时，可以组织检察法医人员共同讨论或聘请有专门知识的人参与办案。

（二）庭前积极准备与有效沟通

庭前积极充分地准备显然是十分必要的。但实践中，检察法医往往单纯注重自身对专业问题的准备，而忽略与检察官的充分沟通。实际上，与检察官沟通的重要性绝不可忽视。这是因为，承办检察官既是对全案证据把握更充分的人，也是检察机关案件办理的主导者。通过与承办检察官良好的沟通，不仅有助于更加充分理解自身专业意见在全案中的作用，也更能够了解与在案其他证据间的印证程度。检察法医只有在掌握信息充分条件下才能够更加有条理、有自信地阐述个人意见。同时，如前所述，在诸如遇到“绝对性”问题等陷阱式提问时，检察法医和检察官事前的沟通与准备也是保证庭审效果的关键因素。

（三）熟练掌握庭审技巧

虽然意见本身的准确性自出具相关文书之日起就已然固定，庭审中也只是其对相关意见的阐释与说明。但不可否认的是，法医人员熟练掌握庭审一定技巧对于保证庭审效果也具有重要作用。笔者认为，庭审技巧除思维清晰、用语清楚、着装规范等基本要求外，还应特别注重以下几点：一是不能说假话。庭审中有时难以避免对部分过于细节性问题的回答存在记忆不清。此时，也不能编造数据企图蒙混过关。否则一旦被律师发现，对检察法医在整个庭审中发表意见的可信度将大大丧失。二是对“绝对性”问题要掌握“正面而非直接性”的回答技巧。三是对于律师提出的“无关性问题”“假设性问题”应直接提出不予回答，并说明相应理由。

（四）积极出庭积累经验

实际工作中，检察法医出庭经验一般可通过课堂培训（理论课程或模拟法庭）和法庭观摩累积。但个人认为课堂培训和庭审观摩只是经验积累初级阶段，实际上自身出庭才是真正提高出庭能力的不二法门。检察法医要深刻理解自身从事的法医技术工作是围绕检察业务工作开展的，其根本方向是支持办案，解决案件中的专门性问题。因此，检察法医应在思想上树立“接受法庭审查”的意识，不断努力提高自身专业素养，积极参与出庭工作，协助检察官高质效办好每一个案件。▲

检察工作网边界安全建设管理的实践探讨

文 | 贵州省人民检察院　　唐　杨

随着数字检察战略的深入实施，检察信息化建设迈入新的阶段，检察工作网作为检察机关重要基础网络，已成为与互联网、外部专网、移动专网等非涉密网络互通、数据共享和业务协同的重要途径。本文以某省级院检察工作网边界安全接入平台建设管理实践为视角，探讨了检察工作网面临的安全挑战，归纳了边界安全建设管理的基本特性，并在遵循最高检相关规范标准的基础上，进一步探索完善了检察工作网边界安全接入平台基本框架。最后，从六个方面介绍了本地边界安全建设管理的应用成效。

一、检察工作网面临的安全挑战

习近平总书记深刻指出："网络安全牵一发而动全身，深刻影响政治、经济、文化、社会、军事等各领域安全。没有网络安全就没有国家安全，就没有经济社会稳定运行，广大人民群众利益也难以得到保障。"目前，检察工作网主要面临以下几个方面的安全挑战：

一是网络空间面临的严峻现实，安全风险越来越大。近年来，随着检察工作网内系统、模型、数据等对象越来越多，共享、交互、一体化需求越来越大，在带来工作便利、提升工作效率的同时，也使得网络和数据安全风险逐步增大。同时，由于网络攻击手段不断更新且智能化程度越来越高，各类APT威胁和0DAY漏洞层出不穷，各种黑客组织躲在暗处伺机而动，检察工作网网络和数据安全风险不可低估。

二是检察机关信息化建设不断发展，网络和数据安全保障任务越来越重。一方面，随着数字检察战略深入实施，各类大数据法律监督模型不断涌现，必然会使用大量的内外部数据，网络和数据内生性风险显著提高。另一方面，网信、网安等职能部门逐步加强了对网络和数据安全的监测、检查与通报力度，检察工作网将会接受更加严格的考验。

三是网络安全法律法规体系逐步完善，政策要求越来越高。近年来，国家陆续出台了《网络安全法》《数据安全法》《密码法》《个人信息保护法》等法律法规，为网络和数据安全工作提供了基本遵循，也从法律层面压实了各类网络（系统）运营者的主体责任。同时，落实网络安全责任制也是各级党委（党组）考核的重要内容之一，检察机关网络和数据安全工作任重道远。

二、检察工作网边界安全建设管理的基本特性

作为检察工作网网络安全保障体系中的重要组成部分和前沿阵地，最高检高度重视网络边界安全建设管理工作，先后下发了《检察工作网安全保障系统建设指导意见》《检察工作网边界安全接入平台建设管理规范》等文件，为各级检察工作网边界安全建设管理提供了遵循。在此基础上，我们进行了一些实践探索，归纳了以下三个基本特性：

（一）体系性

检察工作网是贯穿四级检察机关的基础网络，每一个边界都可能成为整个检察工作网安全保障体系中的短板和风险点。因此，既要有“全国一盘棋”的思想认识，又要有“守土有责、守土尽责”的忧患意识，扎实做好本地边界安全建设管理工作，并在最高检统一部署下，逐步夯实检察工作网边界安全保障体系。

（二）合规性

检察工作网边界接入平台建设管理在遵循最高检相关规范标准的基础上，还要按照《网络安全法》《数据安全法》《密码法》等法律法规要求开展合规性建设，如等级保护定级、测评和整改，商用密码应用改造及安全性评估等。

（三）综合性

一是要综合考虑边界接入平台的安全性、可靠性、扩展性及经济性，在业务需求与安全投入中找到平衡点，寻求最优解。二是要综合运用访问控制、入侵检测、身份认证、安全代理、加密传输、网络隔离交换、网络审计等技术手段实现数据机密性、完整性、可用性和不可否认性。三是要综合采取业务审批与技术审核相结合，制定规章制度与细化操作规程相结合，加强思想教育与强化人员政审相结合等管理措施，形成技管一体的边界管控能力。

三、检察工作网边界安全建设管理的探索实践

（一）统筹安全与需求，着力压实本地安全侧

应勇检察长指出：“努力做到检察业务‘一网运行’、为民服务‘一网通办’、法律监督‘一网赋能’、技术支持‘一网运维’。”检察工作网作为“一网”的主阵地，必然会有来自互联网、外部专网、移动专网的业务接入需求，如政法协同、两法衔接、互联网律师阅卷、案件信息公开、政府数据共享等。同时，又不能像检察专网那样采取物理隔离方式规避外部风险。因此，必须统筹好安全与需求，着力压实本地安全侧，做到“三个不能”，即不能把安全主动权拱手相让、不能将本地工作网直接暴露给外部网络、不能对看不见的风险盲目乐观。因此，我们在遵循最高检边界平台建

设规范的基础上，进一步探索完善了工作网边界安全接入平台的基本框架。

简单来说，可以概括为“三类N通道、四区一集中”。“三类”是指互联网、外部专网、移动专网三类接入网络，每一类均可按业务需求开设N个安全通道；“四区”是指每类安全通道要划分成安全防护区、安全检测区、服务器前置区、安全隔离交换区四个安全区域；“一集中”是指建立对所有边界安全通道的集中监测、预警、运维和管控。当然，随着新技术的不断发展，基本框架肯定还会进一步优化完善，但作为初步的探索，我们期望能够解决一些实际工作中的问题，更好地履行网络和数据安全主体责任，最大限度降低检察工作网安全风险。

（二）强化集中监测预警，着力提升本地边界管控能力

具体实践中，检察工作网边界平台建设管理呈现出“三多二少一重”（即接入类型多、业务多、设备多，但专业人员少、管控手段少，而安全责任重）的特点。因此，我们探索了边界接入平台集中监控管理系统，较好地实现了对本地检察工作网边界接入平台的资产审计、状态监测、故障告警、集中运维、数据统计等功能。

一方面，通过收集安全通道中具体业务的流量数据进行统计，从宏观上监测边界平台中数据流入流出的基本情况，并按相应策略进行流量对比，确保及时发现异常流量（如流量暴增、夜间流量大等）。同时，还可以结合入侵检测、网络审计、数据防泄露、日志审计等安全监测方式进行综合分析。

另一方面，当出现异常流量（情况）后，也可配合态势感知和流量分析系统快速定位和精准分析，一旦确定发生网络安全事件或数据泄露时，能够及时处置和止损。

（三）注重实用管用，着力提高运维巡检效率

在运维巡检方面，如果采取传统运维方式，仅仅只是登录平台中相关设备就需要耗费很多时间，且局部设备（或系统）信息有限，无法让安全管理人员快速对边界接入平台总体态势、设备状态、故障告警、业务数据传输等情况全面掌握。因此，我们优化了平台运维巡检方式，通过在某类安全链路中配置监控通道（对应某个数据业务），且每个监控通道相互独立、自由切换，安全管理人员可直观、便捷地查看设备状态及故障情况，从而缩短日常巡检时间，提高运维效率。

（四）注重细节和闭环，进一步减少攻击暴露面

简单来说，就是严格按最小授权原则对边界安全平台中的设备、通道、系统等配置安全策略，最大限度减少攻击暴露面。一是合理划分VLAN对各通道进行逻辑隔离，关闭与业务无关的端口和服务。二是点对点配置业务通道，对每个数据业务均进行准确标识。三是及时升级病毒库、漏洞库、特征库及补丁包等，动态加固平台自身安全。四是支持统一身份认证及数据加密传输，确保平台数据全生命周期安全闭环。

（五）注重规范化管理，进一步明确网络及数据安全责任

一是认真落实网络安全责任制，坚持做好“两个审批”。即数据业务需先经过业务部门审批后，再由本级信息化部门审批开通数据通道并纳入日常监管。当数据接入业务内容、方式、范围等发生变化时，应重新审批。二是制定平台管理规定，对日常管理、业务办理、数据管理及运维巡检等方面进行规范，

确保用制度管人管事，有效降低人为因素带来的风险。三是各司其职、各尽其责。网络安全管理员、数据库管理员和业务管理员权限分工，既互相配合又相互制约，分别做好平台监测预警、应急处置，数据容灾备份、恢复演练及数据审核、统计等工作。

（六）注重未雨绸缪，进一步完善应急处置预案和机制

安全总是相对的，在尽力做好网络和数据安全防护的基础上，仍然要未雨绸缪、防患于未然。既要努力提升本地边界安全应急处置能力，自力更生；又要充分借助网信、网安等部门的技术力量，进一步完善应急处置预案和协作配合机制，确保紧急情况下能及时处置、有效止损。

四、总结与展望

网络和数据安全是一项系统性、基础性和长期性的工作，不可能一蹴而就，更不可能一劳永逸，检察机关网络和数据安全保障工作永无止境。只有共同努力、与时俱进、不断创新，才能最大限度降低检察机关网络和数据安全风险，为数字检察战略实施和检察信息化不断发展奠定坚实的安全基础。▲

浅谈基层检察院网络运维标准化管理工作

文 | 天津市河西区人民检察院　贾海宁

一、基层检察院网络运维概述

随着基层检察院信息化建设规模的扩大和信息化水平的不断提升，基层检察院普遍加强了信息化基础设施的建设，包括升级和扩容网络系统、优化网络机房环境和建设各类功能性办公房间，先后建成办案区、视频会议室、安防系统、多媒体会议室、远程提讯系统、远程开庭系统、公开听证室等。在日常工作中，技术干警既要落实多项通知要求，又要服务保障全院信息化系统、网络安全设备及办公设备维护等工作，随时面临设备突发故障，更加剧了技术干警日常工作难度。随着引进专业化运维公司力量，极大地减轻了技术干警日常维护设备的压力，将技术干警从繁杂的维护工作中解放出来。运维管理工作需要经过一个从无到有、从有到全的发展历程，经过对运维工作内容分类，制定运维人员岗位职责、管理制度、工作规范和考核办法，推动运维管理工作运行系统化、规范化、标准化。

二、基层检察院网络运维标准化管理的必要性

从管理层面看，网络运维标准化管理能够梳理网络运维工作内容，明确网络运维岗位职责和目标，规范运维处理问题的流程，制定合理的运维考核制度，能够发挥运维最大服务能力。

从业务层面看，网络运维标准化管理的重要性更加突出。一是确保网络安全稳定运行的迫切需求。加强网络运维的标准化管理，可以确保网络系统的稳定运行，避免由于网络故障导致的业务中断和数据丢失。二是提升服务质量和管理效率的关键举措。标准化管理可以优化网络运维流程，规范各项工作

的执行步骤与要求，提高网络运维的效率和准确性。三是适应信息化发展趋势和应对挑战的必要手段。随着信息化技术的不断发展，检察院面临着越来越多的网络安全挑战，通过标准化管理，有助于确保组织网络运营管理的安全和稳定，应对信息化发展带来的挑战。

三、基层检察院网络运维主要工作内容

网络运维是一项技术性服务工作，通过自身知识储备维护基层检察院网络设备、网络安全设备、服务器、办公设备及信息化系统。网络运维涉及多个方面的职责和任务：一是网络设备管理，负责路由器、交换机、防火墙等网络设备的配置、监控和维护，确保其正常运行。二是网络故障排查与解决，及时响应和处理网络故障，通过各种工具和技术手段定位故障点，并采取有效的措施恢复网络正常运行。三是网络安全管理，实施网络安全策略，包括防火墙规则设置、入侵检测与规范、漏洞扫描与补丁修复、更新网络安全设备升级包等，保障网络的安全性。四是网络运维人员负责服务器、办公设备和信息化系统日常维护及管理。包括处理各种计算机应用软件、操作系统、病毒杀毒等问题，服务保障本地会议、视频会议，并为其他部门提供软硬件技术支持。

四、基层检察院网络运维存在的问题

网络运维在日常工作中与检察办公办案相结合，逐渐适应检察院办公办案需求，完成从陌生到熟悉的蜕变，实现独立运维网络设备、网络安全设备及办公设备的目的。但是运维工作发展历程中依然存在部分问题。以下简要总结网络运维的问题：一是运维人员工作时间短，频繁更换运维导致工作交接不完整，运维能力参差不齐无法胜任岗位需求。二是运维人员巡检内容流于形式，无法发现设备深层次隐患。三是运维流程管理不明确，管理效率不高，缺乏一整套的高效运维机制。四是目前网络运维多数处于后期维护阶段，等到出现故障后再由运维人员采取相应的措施。运维人员被动式低效率救火，不利于运维对信息化系统进行优化配置，影响了系统的稳定运行。

五、基层检察院网络运维标准化管理举措

（一）建立并落实基层检察院网络运维标准化管理制度

1. 建立网络运维标准化管理制度

建立基层检察院网络运维标准化管理制度，首先，明确网络运维管理目标。目标包括维护网络机房设备正常运行、监控网络设备运行状态、提升网络安全防护能力、修复各类设备安全漏洞、保障本地会议及视频会议、维护办公设备及信息化系统正常使用等。其次，制定网络运维服务原则。网络运维工作应当以服务检察办案为核心，采取预防措施降低故障率，提高系统可靠性和可用性，不断优化运维流程和技术手段，提高网络运维服务水平。最后，对网络运维工作进行分类。根据各信息系统设备种类、设备功能，绘制设备分类示意图，掌握各类设备操作方法及问题处理方式。

具体来说，主要包括以下四个方面：一是详细梳理运维维护设备清单，详细记录设备品牌、型号、部署位置和维护账号密码等，绘制网络拓扑图，标明各类设备在网络中的作用，实现对网络设备摸底清查。二是充分认识网络安全的重要性，要制定严格的安全策略，细化防火墙、入侵检测等安全设备的

配置和管理，防范网络攻击和数据泄露。同时，要建立完善的数据备份与恢复机制，定期对重要数据进行备份，并进行恢复测试，以保障数据的安全性和完整性。三是制定和完善网络机房管理、网络运维管理、信息化系统管理和应急响应管理等一系列安全管理制度。四是明确运维岗位职责落实考核制度，根据工作内容设定考核内容、考核目标、考核方式等项目，建立日常巡检表格，逐项设置巡检参数，完善运维工作日志，详细记录信息化系统使用记录、本地会议视频会议记录、设备维修维护记录等信息。

2. 建立基层检察院网络运维工作规范

工作规范是网络运维开展各项工作必须遵守的规矩。根据运维岗位职责划分工作内容权重，分为运维自行办理事项和请示后办理事项。不管是运维自行办理事项还是请示后办理事项，都应详细记录处理过程，工作记录表定期核查一次，作为运维工作量重要的考核依据。运维工作规范不仅体现在事务办理层面，还应体现在日常行为习惯上。比如多媒体会议室、公开听证室，视频会议系统等设备正式使用前必须调试，并且需要联系设备使用方收集使用要求，根据要求进行适应性调试。正式使用前，提前做好设备开机准备工作，测试所需功能，使用中运维人员全程保障，保障系统平稳运行。

运维工作规范还应体现在设备管理层面，建立设备分类存放工作制度，根据物品仓库大小、设备使用频次等因素，合理安排物品存放位置。工作中增强运维责任意识，具备随时应对突发事件的能力，尤其是熟悉常用工具位置，为突发情况做准备，保证能第一时间找到工具解决问题。倡导运维工作中养成合理使用标签标记设备，标签记录设备种类、设备用途、IP 地址、设备状态等基本信息，方便工作中快速查找并使用。

3. 定期对网络运维工作进行考核

定期对运维人员进行考核是监督网络运维管理制度执行情况的重要举措。建立监督考核机制，应严格根据运维岗位职责制定考核标准，对不达标运维人员进行严肃处理，将连续两次不达标运维人员考核情况与运维公司沟通反馈，并要求运维公司更换运维人员。考核内容分为理论与实操两方面进行，根据运维手册及应急预案，对运维工作进行问答式处理，建立运维考核理论与实操知识库，按照由简到难的工作思路，按比例随机抽取题目对运维进行测试。通过切合实际的工作测试，保证运维人员对信息化系统使用方法的熟练掌握，具备胜任岗位职责的能力。考核内容应时刻保持动态更新状态，避免运维人员机械记忆答案，理论与实操脱节。所以，考核机制应是动态的、迭代的，应与运维岗位职责时刻保持统一性，逐步完善运维考核机制，推动运维标准化制度良性发展。

（二）多措并举解决网络运维工作现实问题

1. 转变运维工作模式，划清技术干警与运维工作界限

解决技术干警与网络运维分工不清的问题在于探索网络运维独立运行机制。主要从两方面入手：一是成立由技术干警负责的运维小组，设置独立办公室、开通运维服务热线，保持工作时间电话值班状态，必要时可对电话录音，满足第一时间接听电话的基本需求，根据来电问题及时解决问题，做好电话记录及维修记录。二是提高对运维工作的重视程度。定期汇报网络运维工作情况，以运维工作数据为例印证设备维护与运维工作的重要性，如对于长

时间处于活多人少的困境，建议提高资金支持力度，根据运维工作量适当增加运维数量，保持至少两个运维人员的工作模式，避免单一运维离职带来设备维护动荡期。

2. 突破传统巡检方式，发现设备存在深层次问题

巡检工作是网络运维工作中非常重要的常规性工作，日常巡检项目中设备运行状态、设备是否有报警信息、CPU 占有率、内存利用率是巡检内容最基础的指标。解决设备巡检深层次问题离不开设备专业工程师的支持，通过设备专业工程师详细了解设备运行原理，设备组成部分，学习并掌握专业化巡检方法，查看运行系统状态，克服原巡检过程的弊端。对问题设备进行维修离不开专业维修人员的参与：一是建立信息化系统集成商技术人员库，当信息化系统出现问题时，能够第一时间咨询问题出现的原因及解决方法；二是建立设备维修维护人才库，设备出现问题时能够第一时间联系人员维修。

3. 编制运维手册、应急预案辅助文件

运维手册作为落实标准化管理的重要举措，辅助运维人员快速适应岗位职责的工具，是运维日常工作的参考材料。首先，充分认识编制运维手册的重要性，信息化系统、网络机房、办公设备种类多样，使用方法、使用规则不尽相同，有助于克服遗忘规律，快速掌握设备使用方法。其次，编制运维手册是一项长期任务，后期维护过程中需要不断更新修正。编制运维手册前，联系系统集成商、设备生产厂商工程师，详细记录使用方法及使用过程中可能出现的问题，分类汇总、图文并茂编写设备使用手册，根据网络类型、设备类型分类将设备使用手册汇集到一起就编制成运维手册。同时，应根据运维手册深度分析编制应急预案，借助运维公司力量，对设备运行过程中可能出现的问题进行分析，详细记录问题处理的步骤，作为运维后期处理问题的重要参考文件。

运维手册和应急预案是运维工作的重要参考文件，也是运维交接工作的重要参考。按照高中低三个级别将运维手册内容进行分编，交接工作时进行逐级学习考核，让新来的运维人员能够快速适应运维工作。

4. 合理利用网络力量，建立运维培训课程

为落实网络运维标准化管理制度相关要求，要加强运维人员网络安全和技能培训工作，增强网络运维人员的网络安全意识和技能水平。运维人员负责工作类型多、专业性强，比如网络安全设备、服务器、存储设备、网络设备等都需要专业化知识，对维护设备的泛泛了解不仅是对工作的不负责任，而且容易带来设备运行隐患和网络安全隐患。鼓励运维人员运用网络资源学习相关知识，必要时由技术干警和运维人员共同建设学习资源库，资源库内容与运维设备贴合度更高，学习后能够快速转化成维护能力。鼓励运维人员参加专业化培训，考取相关认证考试，提升网络运维人员硬实力。

（三）构建网络设备监控系统

构建网络设备监控系统可以极大地减轻网络运维日常巡检工作，通过可视化界面实时显示网络设备、网络安全运行状态，利用系统减轻运维巡检系统任务，对网络设备实时预警。网络运维人员应掌握一种或几种编程语言，使自己能够适应监控设备变化，增加或删除网络设备，具有独立监看、独立维修的能力，以满足创建网络设备监控系统的需要。探索信息化系统远程开机、远程操作、远程监看功能，将该功能并入网络设备监控系统中，实

现设备维护与设备监控并行，提高运维工作效率，运用技术手段减轻巡检难度。

结语

基层检察院网络运维管理工作是检察机关推动信息化建设维护中的重要环节，建立并落实基层检察院网络运维标准化管理制度，对于提高基层检察院的工作效率和质量，保障检察工作的顺利开展具有重要意义。在实际工作中需要高度重视网络运维管理工作，提高服务检察机关办案水平，为检察工作现代化打下坚实基础。▲

司法会计技术性证据专门审查过程

——以史某某盗窃案价格鉴定审查为例

文 | 天津市人民检察院　姚婧婧　宫立军

司法会计技术性证据专门审查是指审查主体对司法会计技术性证据在合法性、科学性、客观性、规范性、关联性等方面进行审查，并提出审查意见的活动，是检察技术发挥监督纠错作用，支撑“高质效办好每一个案件”的一项重要手段。司法会计技术性证据专门审查的对象包括结论性证据和非结论性证据。结论性证据是指具有会计审计专门知识的人员通过对财务会计资料及相关材料的检验，对诉讼涉及的财务会计专门性问题进行鉴别和判断得出结论性意见的各种文书证据材料，主要包括司法会计鉴定书、司法会计检验报告、司法会计勘验、检查笔录、审计报告、查账报告、资产评估报告、验资报告等。非结论性证据是指除结论性证据材料外，诉讼前客观存在的材料以及诉讼过程中形成的材料。

司法会计技术性证据专门审查既可进行程序审查，如启动程序、主体适格等，也可进行实体审查，如鉴别、判断专门性问题的理论和法规依据、分析论证的方法、鉴定意见等。本文以史某某盗窃案为例，介绍司法会计进行技术性证据专门审查的经过。

一、基本案情

2021年8月16日史某某盗窃被害人赵某某家中5712G-001型百达翡丽手表一只，2023年3月7日A市公安局B分局向A市B区人民检察院移送该案审查起诉。涉案手表系赵某某丈夫于2016年12月16日以人民币241236.72元价格在瑞士购买。史某某于盗窃后次日以346000元价格出售给某典当行，后该典当行以382000元价格出售给上海某公司。经A市公安局B分局委托，某评估公司A分公司出具该手表（无实物）价格鉴定，价格为400000元。

本案事实清楚，证据确实、充分，但在盗窃数额认定上存在较大争议，被盗财物为百达翡丽手表，属于奢侈品，具有收藏价值，案发时已产生溢价，购买时的原始发票金额与该手表的实际价值不符，因此侦查机关委托某评估公司A分公司出具价格鉴定意见。但当事人、辩护人对价格鉴定存有异议，《价格鉴定意见书》的结论与原始发票金额差异巨大，直接决定刑期档次，检察官对价格鉴定规程不熟悉，为精准认定盗窃数额，本着审慎态度向某市人民检察院检察技术部提出委托，申请对本案涉及的价格鉴定开展司法会计技术性证据专门审查。

二、司法会计技术性证据专门审查

（一）受理审查并确定审查事项

司法会计在接到技术性证据专门审查的通知后，首先听取检察官对案情、现有材料的介绍，并与检察官沟通，了解该案件审查的目的和要求。对案件涉及的审查材料进行初审，并确定了具体审查事项：一是鉴定的审查启动程序是否合法；二是鉴定机构是否具有鉴定资质，鉴定事项是否超出该鉴定机构业务范围；三是鉴定方法、鉴定过程是否符合相关法律法规及政策规定。

（二）确定送检材料并开展审查

司法会计受理该案后，梳理案件材料，发现审查既涉及有结论性证据，也涉及非结论性证据，将材料列出清单：（1）价格鉴定意见书；（2）鉴定聘请书；（3）价格评估委托书；（4）价格鉴定证评估机构资质登记证书；（5）营业执照。结合审查事项制定审查方案：对结论性证据（1）重点审查是否具有科学性、规范性及可靠性，对非结论性证据（2）—（5）重点审查是否具备完备性以及是否存在矛盾，既有程序性审查，又有实体性审查。

1. 启动程序审查

鉴定启动程序应由具有案件管辖权的侦查机关出具书面鉴定聘请手续，鉴定文书中的委托单位应与鉴定聘请书的出具单位一致，鉴定聘请日期应先于鉴定聘请书落款日期。本案由A市公安局B分局于2022年11月6日出具书面《鉴定聘请书》，聘请某评估公司对百达翡丽牌手表价格进行鉴定，《价格鉴定意见书》中的委托单位及《价格评估委托书》委托方均为A市公安局B分局C派出所，隶属A市公安局B分局，书面聘请、委托手续是证明《价格鉴定意见书》来源合法的依据，《价格鉴定意见书》的出具时间为2022年11月18日，出具时间在聘请鉴定时间之后，符合办案程序。

2. 鉴定主体适格审查

根据法律规定，为查明案情，解决案件中的专门性问题应由侦查机关委托具有鉴定资格的鉴定机构进行鉴定。鉴定机构应具有国家相应机关颁发的鉴定机构资格证书，表明鉴定机构具有鉴定资质。本案涉及的《价格鉴定意见书》是由价格鉴证评估机构及其价格见证评估专业人员根据委托，利用专业知识和专门技能，对标的价格进行评定、估算，出具的有证明效力或咨询效力的鉴定意见书，应符合价格鉴定方面的法律法规及政策。根据《价格鉴证评估机构和价格鉴证评估专业人员职业登记管理办法》（中价协〔2021〕1号）的规定，价格鉴证评估机构应取得国家相应主管部门登记注册的营业执照，并经中国价格协会或省级行业协会登记公告，具有由中国价格协会审核签发的登记证书。本案价格鉴证评估机构为某评估公司A分公司，所附有效营业执照均显示，机构经营范围包含价格评估及当事人委托的涉诉讼财务价格评估，本案委托鉴定事项属于业务范围内。所附有效《价格鉴定证评估机构资质登记证书》显示机构类别为综合涉诉讼类鉴证评估机构，资质范围包含有形资产标的价格鉴证评估，但该登记证书的机构名称为某评估公司，并非该《价格鉴定意见书》出具机构，故该《价格鉴定证评估机构资质登记证书》不能证明某评估公司A分公司具有鉴定资质。

3. 鉴定方法审查

该鉴定事项为对涉案的百达翡丽手表价格进行鉴定，依据的鉴定标准是有关价格鉴定方面的法律法规及政策。根据《中华人民共和国资产评估法》第4章评估程序第26条：评估人员应当恰当选择评估方法，除依据评估执业准则只能选择一种评估方法的外，应当选择两种以上评估方法，经综合分析，形成评估结论，编制评估报告。根据《价格鉴证评估执业规范》（中价协〔2020〕31号）[①]第3章价格鉴证评估方法第43条：价格鉴定评估人员应当根据价格鉴定评估事项、价格内涵、价格评估目的及取得的相关材料等，选择两种以上方法进行价格鉴定评估，如果只能采用一种方法的，须说明理由。本《价格鉴定意见书》中鉴定方法仅选用"市场法"一种鉴定方法，且并未说明理由。单一的鉴定方法难以保证该鉴定的科学性。

4. 鉴定过程审查

根据《价格鉴证评估执业规范》（中价协〔2020〕31号）第2章价格鉴定评估程序第30条：价格鉴定评估报告应当包括价格鉴证评估依据、政策依据和委托人提供的材料以及价格鉴证评估人员收集的市场调查依据等。本《价格鉴定意见书》中，价格鉴定方收集的有关材料中只概括提到"市场调查资料"，并未注明是何具体调查资料。价格鉴证评估过程需简要描述事物查验或勘验、市场调查情况及价格鉴证评估专业技术测算分析过程，并说明选用的价格评估方法。而本《价格鉴定意见书》中，提到"本次价格鉴定无实物"仅依据"委托方的委托书及相关材料"，并未注明是何相关材料，仅提到"进行了市场调查，并分析研究"，并未描述市场调查情况及具体分析研究过程。委托方的《价格评估委托书》中只有对评估标的的文字性表述，无其他附件。

根据《价格鉴证评估执业规范》第44条，市场法：是指通过市场调查、选择3个或3个以上与价格鉴证评估事项相同或类似的可比实例或参照物，分析比较价格鉴证评估事项与参照物之间的差异进行调整，从而确定价格鉴证评估事项市场价格的方法。市场法的使用条件：一是交易市场发育充分，二是参照物及其价格鉴证评估事项可比较的指标、技术参数等资料可以收集到。本《价格鉴定意见书》中，未注明所选取的相同或类似可比实例、参照物。鉴定过程的笼统表述，既无充分的市场调查经过，也没有科学的参照物及分析研究过程，使鉴定过程缺乏规范性。

三、出具审查意见

一是鉴定审查启动程序合法。

二是鉴定事项未超出业务范围，但鉴定

① 2024年已印发新的《价格鉴证评估执业规范》。——编者注

机构是否具备鉴定资质有待证明。所附有效《价格鉴定证评估机构资质登记证书》机构为某评估公司，并非侦查机关聘请并出具《价格鉴定意见书》的某评估公司A分公司，因此该案价格鉴证机构是否具有鉴定资质有待证明。

三是鉴定方法不全，鉴定过程过于简单，不符合相关法律法规及政策规定。根据《中华人民共和国资产评估法》《价格鉴证评估执业规范》规定，价格鉴定应当选择两种以上评估方法，经综合分析，形成评估结论，该鉴定意见只采用“市场法”一种方法，且未说明理由。鉴定过程缺少对参照物、市场调查依据、调查情况及具体分析研究过程的描述。

四、案件结果

检察官依据司法会计出具的审查意见，综合鉴定主体不适格、鉴定方法选用违反相关规程等因素，认定不完全采信侦查机关随案移送的《价格鉴定意见书》，而是以购买发票有效价格证明为基础，考虑本案标的物溢价情况综合认定盗窃数额，给出了罚当其罪的量刑建议。本案经审理后作出判决，A市B区人民法院判决书对A市B区人民检察院起诉书认定的案件事实、证据及量刑建议均予以采纳，史某某犯盗窃罪，判处有期徒刑四年六个月，双方当事人对判决结果均表示无异议，该案判决已生效。

五、办案效果

若依据《价格鉴定意见书》涉案手表价值400000元的鉴定结果，将导致本案中盗窃数额达到刑法规定的数额特别巨大的情形，犯罪嫌疑人史某某起刑点将被判处十年以上刑期。该案为司法会计首次对价格鉴定意见开展审查，积极创新探索，通过查询行业规则、学习评估方法等，指出该《价格鉴定意见书》瑕疵和不当之处，使案件证据更加客观合理，助力检察官精准认定盗窃数额，推动案件适用认罪认罚从宽制度，使犯罪嫌疑人刑期缩短、被害人得到合理赔偿，促进双方当事人都满意的结果，切实达到了罚当其罪、案结事了、三个效果有机统一的目标。▲

赣州市院纠正肺破裂肺萎陷程度计算错误鉴定

文 | 江西省赣州市人民检察院　刘明君
江西省人民检察院　邓居龙　罗　赟

2014 年 1 月 1 日施行的《人体损伤程度鉴定标准》对肺萎陷程度作出了明确的规定，即一侧肺萎陷 30% 即达到轻伤一级，萎陷 70% 即达到重伤二级。如何较为精确地计算出肺萎陷的程度，成为一个亟待解决的问题。本案例中，技术人员运用 Photoshop 软件对冠状位 CT 薄层扫描图像进行逐层提取重新计算，得到了比较精确的数值，确保鉴定意见更加准确。

一、基本案情

2022 年 7 月 13 日，刘某某驾驶小型轿车搭载陈某某及刘某鸿，途中因操作不当致车辆碰撞道路护栏，乘客陈某某受伤。2022 年 7 月 19 日经江西某司法鉴定中心鉴定，陈某某左侧气胸，左肺受压、膨胀不全，受压大于 70%，其损伤程度为重伤二级。2022 年 11 月 24 日，赣州市院检务保障部受委托对该案进行技术性证据审查。

二、检察技术履职情况

陈某某受伤后在医院治疗，2022 年 7 月 13 日医院 CT 片示：左侧气胸，左肺受压、膨胀不全，受压约 70%，考虑双肺挫裂伤。陈某某左侧气胸，左肺受压不全，经医院估算的受压程度为 70%，送审鉴定书依据医院 CT 报告单数据，计算陈某某左侧肺压缩为 70.89%，处于重伤二级和轻伤一级临界值附近。为准确地测量被鉴定人的肺压缩程度，根据体积法计算原理，我们利用等距离冠状位 CT 薄层扫描，只需要具体测算出“血气”体积 / 胸廓体积，就可以得到肺萎陷的程度。设 V= 胸腔体积，v= “血气”体积，S= 图层胸腔面积，s= 图层“血气”面积，t=

层厚（固定值），据此可以得出肺萎陷比例公式：肺萎陷比 =v/V=（s1*t+s2*t+…+sn*t）（S1*t+S2*t+…+Sn*t）=（s1+s2+…+sn）/（S1+S2+…+Sn）。理论上如果 CT 扫描层数无限多，则结论无限接近肺萎陷的精确值。审查人采用 Photoshop 软件对被鉴定人陈某某 7 月 13 日的 CT 片进行扫描逐层提取计算，运用胶片扫描仪将陈某某的 CT 胶片扫描成图片，用 Photoshop 打开 CT 扫描图片，在工具栏—窗口—直方图打开直方图调板，选取扩展视图后，使用磁性套索工具选定相应选区。此时，我们可以直观地在直方图面板上看到选区像素值 85222（见图 1），再次选定完整左侧胸腔面积，在直方图面板上可见选区像素值 133065（见图 2），计算可得该图层肺萎陷比 64.05%。以此类推，就可以得出每个层面的面积，依据上述公式，使用 Excel 进行统计计算即可较为精确地得到肺萎陷程度。为减少误差，审查人使用上述方法重复计算 3 次，取平均值得出陈某某左侧

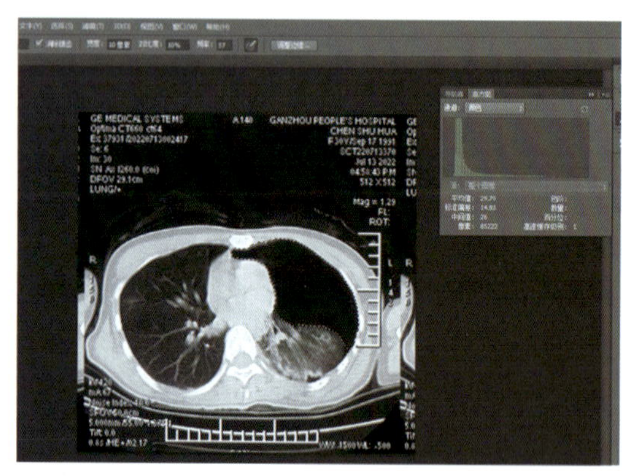

>> 图 1　左肺气体面积

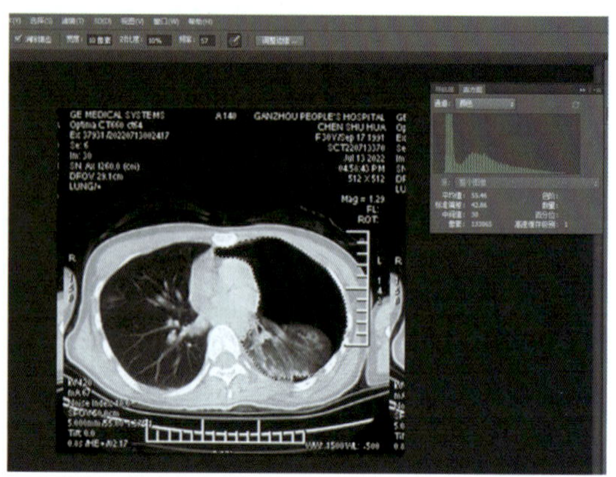

>> 图 2　完整左侧胸腔面积

肺压缩程度为 65%，未达 70%，原鉴定根据《人体损伤程度鉴定标准》5.6.2g“血胸、气胸或者血气胸，伴一侧肺萎缩 70% 以上，或者双肺萎缩均在 50% 以上”之规定，分析认为其左侧肺损伤为重伤二级的鉴定意见依据不足。

三、典型意义

肺萎陷程度的测量目前常用三线法、五分法、体积测量法等方法，主要依据胸部 DR 影像片进行估算，这些方法计算速度快，但较为粗略，已明显不适用于《人体损伤程度鉴定标准》的要求，尤其是肺萎陷程度接近《人体损伤程度鉴定标准》的 4 个临界值时，鉴定人很难运用以上计算结果做出准确的鉴定意见。使用 Photoshop 软件计算肺萎陷程度，可以得出一个相对精确的结果，实际应用中，为消除人为测量误差，法医在鉴定时尽量多人多次计算，取其平均值，可以确保鉴定意见更加准确。▲

电子证据助力检察侦查
高质效办理司法工作人员徇私枉法案

文 | 山东省日照市东港区人民检察院　何丽媛

辅警在协助民警履行侦查职责过程中，为徇私情，利用职务便利为犯罪分子通风报信，对明知是有罪的人而故意包庇不使其受追诉的，应当以徇私枉法罪追究刑事责任。本案在侦查期间遇到专业技术难题，通过最高人民检察院司法鉴定中心进行电子数据恢复提取。结合案件发现公安机关对辅警队伍管理不规范等问题，制发检察建议，助推公安机关加强辅警人员管理，维护司法公信力。

一、基本案情

2023 年 12 月，山东省日照市东港区检察院审查逮捕张某某（另案处理）涉嫌介绍卖淫案时，发现辖区内多名辅警涉存在为介绍卖淫的犯罪分子通风报信等渎职线索，遂及时移交检察侦查部门，后由日照市东港区检察院立案侦查。

经侦查终结、提请批准逮捕、移送审查起诉，并依法查明，被告人张某某、袁某某、范某某三人在 2022 年 6 月至 12 月担任日照市公安局东港分局秦楼派出所、大学城派出所辅警期间，明知他人实施卖淫违法犯罪活动需要追究刑事责任，仍接受他人请托，向其通风报信、泄露警情，故意包庇使他人逃避法律打击和制裁，并多次收受好处费。另查明，被告人张某某还有诈骗犯罪事实，一并处理。

2024 年 4 月 12 日，日照市东港区人民检察院对本案依法提起公诉，并建议法院适用速裁程序审理。经审理，法院全部采纳检察机关定罪量刑意见，判决被告人张某某有期徒刑十一个月，被告人袁某某、范某某有期徒刑八个月。被告人均表示自愿认罪认罚。

二、侦查工作情况

（一）线索来源

2023年12月，山东省日照市东港区人民检察院刑事检察部门审查逮捕张某某（另案处理）涉嫌介绍卖淫案时，通过张某某的供述发现辖区派出所多名辅警涉嫌渎职犯罪嫌疑，遂及时将线索移交检察侦查部门。检察侦查部门经过证据复核，认为涉案辅警的行为涉嫌徇私枉法罪。2024年1月，经向日照市人民检察院、山东省人民检察院汇报，省院同意日照市人民检察院将案件交由日照市东港区人民检察院立案侦查。本案系日照市检察机关由基层院立案侦查司法工作人员职务犯罪的首起案件。

（二）立案侦查

检察侦查部门在立案后发现，涉案三名辅警供述不稳定，对通风报信的时间、次数、收取好处费的数额等重要犯罪事实避重就轻。本案只有被庇护人员的证言，达不到犯罪事实清楚、证据确实充分的完整证据链条标准。虽然扣押了涉案人员手机，但手机部分数据均已被删除。为全面收集、审查证据，检察侦查人员委托最高人民检察院司法鉴定中心进行电子数据恢复提取。经过对手机内电子数据的提取恢复，成功获取涉案人员之间的微信聊天记录、微信语音通话记录，记录中包含涉案辅警人员向他人通风报信、泄露警情的具体次数、过程等内容，该内容与被庇护人员的证言能够相互印证。此外，通过对提取手机的人物关联关系进一步分析深挖涉案线索。在证据面前，涉案辅警放下侥幸心理，全部自愿认罪认罚。

（三）侦查终结

经侦查取证，查明三名辅警徇私枉法的犯罪事实。2024年4月2日，检察侦查部门将本案移送刑事检察部门审查起诉。

（四）检察建议

在办理该案过程中，日照市东港区人民检察院经梳理发现，近年来辖区公安机关辅警队伍出现多人违纪违法现象，严重损害了公安机关执法司法公信力。分析原因，公安机关存在入口把关不严格、日常管理不精细、廉政教育存在形式主义等问题，遂向公安机关制发检察建议，督促加强辅警履职监督。公安机关收到检察建议后高度重视，专门召开专题会议研究制定整改措施。

三、典型意义

（一）重点关注“黄赌毒”案件的“保护伞”线索，着力发现司法工作人员徇私枉法案件线索

检察机关在审查涉“黄赌毒”案件过程中，要一案多查，尤其注意该类案件背后往往存在“保护伞”线索，在发现该类线索后，要注重刑事检察部门与检察侦查部门的线索移送工作。通过部门之间的良性互动，提升检察监督的刚性作为。在移送线索后，应及时同步跟进、沟通会商、提前介入，确保高质效办好案件。

（二）利用检察技术精准认定职务犯罪事实

司法工作人员涉渎职犯罪案件中，涉案人员往往反侦查意识较强，供述易避重就轻，此时迫切需要依靠扣押手机内的数据等电子证据来完善指控证据体系。如果遇到数据被涉案人员删除、犯罪事实不清等问题，要及时寻求检察技术辅助业务办案的专业帮助，借助检察技术一体化优势，通过提取恢复电子数据，获取定案关键证据，有效完善证据链条，解决案件中的专门性技术证据，推动基层案件办理高质效。

（三）结合案件制发检察建议，发挥检察职能

检察机关办理司法工作人员相关职务犯罪案件时，发现相关部门存在监管漏洞等情况的，应当积极开展检察监督，通过制发检察建议等方式，推动相关部门从源头上解决问题。检察机关制发检察建议前，要进行必要的调查研究与综合分析，确保所提建议具有针对性、可行性，制发检察建议后，要及时跟进相关部门整改落实情况，确保检察建议落地、有效。▲

法医技术性证据专门审查发现错误伤残鉴定意见

文 | 河南省开封市人民检察院　王强
河南省杞县人民检察院　宋传营
河南省开封市顺河回族区人民检察院　黄小龙
河南省开封市龙亭区人民检察院　赵聪颖

一、基本案情

2020年8月3日下午，杨某礼与杨某松兄弟二人发生纠纷，杨某松用铁锹打伤杨某礼的左眼部，造成杨某礼左眼球摘除，义眼植入。经鉴定，被害人杨某礼的损伤程度为重伤二级。2020年12月20日，杞县人民法院以故意伤害罪一审判处被告人杨某松有期徒刑4年。

一审刑事判决后，被害人杨某礼就民事赔偿部分另行提起诉讼，杞县人民法院委托某司法鉴定中心对杨某礼的损伤情况进行伤残评定。2021年2月23日，该司法鉴定中心鉴定意见书依据《人体损伤致残程度分级》第5.5.2项第2款规定，评定杨某礼左眼为义眼、右眼视力0.1，构成五级伤残；依据第5.7.2项第4款规定，评定杨某礼左眼球破裂，义眼植入构成七级伤残。

杨某礼认为，其被杨某松打成重伤，分别构成五级和七级两个等级的伤残，法院判处杨某松有期徒刑4年属于量刑畸轻，于2021年10月8日向杞县人民检察院提出，其左眼受伤，眼球破裂而手术摘除，植入义眼，右眼视力因受伤严重下降，参照《人体损伤致残程度分级》相应条款之规定属五级伤残、七级伤残，要求判处杨某松10—13年有期徒刑。

2023年4月3日，杞县人民检察院技术部门受杞县人民检察院第一检察部委托，对鉴定意见进行技术性证据专门审查。

二、开展技术性证据审查情况

（一）调取病历材料，全面细致了解伤情

杞县人民检察院技术部门接受委托后，根据审查需要办案部门补充调取了申诉人

杨某礼伤后的病历材料，技术人员组织有关医院专家、法医专家、眼科和内分泌科专家会诊研究，经认真审查杨某礼既往病史材料和伤后就医资料，发现病历既往史记载：受伤前有糖尿病、高血压病史。眼底检查结果：眼底视网膜糖尿病改变征象。未见杨某礼右眼损伤的诊断及相关描述。分析认定杨某礼右眼视力下降为糖尿病引起，非外伤所致。

（二）全面审查伤残鉴定意见开展技术性证据专门审查，为案件办理提供技术支撑

在全面了解案发过程、被鉴定人既往病史、诊疗过程、审查病历资料后，杞县人民检察院认为某司法鉴定中心对杨某礼作出的伤残鉴定意见存在以下问题：一是根据《人体损伤致残程度分级》第6.2条规定，“同一部位和性质的残疾，不应采用本标准条款两条以上或者同一条款两次以上进行鉴定”。杨某礼左眼球缺失义眼植入为一个部位的损伤，而某司法鉴定中心对该部位损伤分别出具了五级伤残和七级伤残的两个鉴定意见，违反上述规定。二是某鉴定意见评定杨某礼五级伤残的依据是《人体损伤致残程度分级》第5.5.2项第2条，左眼球缺失，右眼中度视力损害（视力0.1—0.3）。经审查杨某礼入院病历，未见右眼损伤的诊断及描述，杞县人民检察院技术部门认为杨某礼右眼视力下降非本次外伤所致，某鉴定意见引用该条款评定杨某礼五级伤残系“错误鉴定”。综上，杞县人民检察院审查认为某鉴定中心对杨某礼的损伤构成五级伤残的鉴定意见存在错误，建议重新评定伤残等级。

（三）辅助开展释法说理，促使申诉人息诉罢访

杞县人民检察院技术部门积极协助承办检察官共同开展释法说理工作，用通俗易懂的语言向申诉人讲明其伤后病例无右眼损伤的记载，不能排除其糖尿病、高血压引起的右眼视力下降的原因。此外，某鉴定意见违反了同一部位的残疾不能进行两次以上鉴定的规定，伤残鉴定等级存在错误，其未达到五级伤残标准，应为七级伤残。根据河南省高级人民法院《〈关于常见犯罪的量刑指导意见〉实施细则》的有关规定，杞县人民法院判处杨某松有期徒刑4年并无不当。在翔实有力的技术性证据审查意见和耐心细致的释法说理下，申诉人杨某礼表示息诉罢访。

三、典型意义

在申诉案件办理中，检察技术部门通过对申诉人提交的司法鉴定意见书及相关技术性证据材料进行技术性证据专门审查，发挥监督纠错作用，为案件办理提供关键性技术支持，协助开展释法说理，依法纠正错误，申诉人息诉罢访。

检察技术部门在协助办案部门办理控告申诉案件过程中，依法履职，根据审查需要，要求办案部门补强证据材料，为精准查明案件事实，实现案结事了提供专业技术支撑。检察技术部门出具技术性证据审查意见书以后，围绕技术方面的焦点和难点，联合办案部门共同开展向申诉人的释法说理工作，使申诉人对检察机关的办案心服口服，实质性化解矛盾纠纷。▲

外伤性流产损伤程度鉴定的技术性证据审查案例分析

文｜河北省唐山市人民检察院 吕 品
河北省滦州市人民检察院 商艳军 王丽荣

一、案例

（一）案例1

1.简要案情：马某，28岁，某年8月1日被他人打伤后就诊于当地县级医院。病历记载：被他人打伤后全身多处疼痛约3小时入院。患者于入院前3小时被他人打伤全身多处，自觉左肩、右小腿及腰骶部疼痛，自诉停经约50天。查体：左肩部可见片状皮肤潮红及多处条形外伤痕，右小腿外侧腓肠肌处见条形外伤痕，其周肿胀明显，腰骶部略肿。腹部彩超示宫内早孕，肝右叶实质性包块。入院诊断为多处软组织损伤、宫内早孕、肝右叶实质性包块待查。

鉴定机构根据临床诊断及专家会诊意见，考虑外伤性难免流产属轻伤，对马某流产的具体损伤机制提出请办案单位结合案情调查，出具轻伤二级鉴定意见。

案件在审查起诉过程中，案件承办人委托技术人员对马某的损伤程度鉴定进行技术性证据审查。

2.审查过程及结果：马某外伤后自诉腰骶部疼痛，查体腰骶部略肿胀、压痛明显，未见腹部损伤检查记录，外伤后第8天出现少量阴道出血。据病程记录记载，马某伤后门诊彩超示肝右叶实质性包块，伤后4天内曾到两家市级医院行腹部彩超检查肝脏包块，未能明确诊断。在医生明确告知放射线对胎儿影响较大的情况下，马某及其家属自愿放弃保胎治疗，并在伤后第5天行CT扫描，结果回报肝腺瘤。鉴定机构对伤者流产的具体损伤机制亦未明确。综合以上审查，马某流产与本次外伤之间的因果关系待除外，其损伤程度为轻伤二级的鉴定依据不足。案件承办人采纳了审查意见，对犯罪嫌疑人依法作出不起诉决定。

（二）案例 2

1. 简要案情：张某，26 岁，某年 7 月 1 日被他人打伤两日后就诊于当地县级医院。门诊病历记载：主因被人打伤全身多处后疼痛 2 天来院，自诉末次月经为 5 月 11 日，伤后觉腹部不适，7 月 2 日少量阴道出血，未诊治，今日再次少量阴道出血来院。查：左前臂尺侧有一划痕，已结痂，左腕有压痛，左膝部可见青紫、瘀斑，轻度肿胀，下腹稍有压痛。彩超示：宫腔内可见一妊娠囊，大小 2.3cm × 2.1cm × 1.1cm，囊内未见胎芽及胎心搏动。诊断为全身多处软组织损伤、宫内早孕、先兆流产。住院病历记载：患者于 7 月 1 日晚被他人打伤全身多处，伤后倒地，着地部位不详，自觉右侧上下肢疼痛，同时伴有轻微腹部不适，于家中未做治疗，觉腹部疼痛无好转遂来院。入院常规检查示：梅毒螺旋抗体阳性。经北京某医学检验报告示梅毒螺旋抗体阳性。7 月 3 日妇产科会诊：考虑先兆流产。7 月 9 日彩超示：宫腔内可见一妊娠囊，大小 3.2cm × 3.2cm × 1.8cm，囊内可见胎芽未见胎心搏动，胎芽大小 0.5cm。妇产科会诊：不除外胎停育，继续保胎，必要时终止妊娠。7 月 13 日彩超示：宫内不均质回声。妇产科会诊：宫内孕，不全流产。

鉴定机构根据病历资料及结合专家会诊意见，认定其宫内早孕、外伤性流产（不全流产），属轻伤二级。

案件在审查起诉过程中，案件承办人委托技术人员对张某的损伤程度鉴定进行技术性证据审查。

2. 审查过程及结果：据执法记录仪录像显示，张某被他人打一巴掌后摔倒在地，腹部并未直接受外力打击；经入院治疗 8 天后彩超示妊娠囊较前增大、发育，未见胎心，不除外胎停育；住院期间查梅毒螺旋抗体阳性，无法确定其流产与外伤、梅毒之间的因果关系，审查认为其损伤程度评定为轻伤二级依据不足。案件承办人采纳了审查意见，对犯罪嫌疑人依法作出不起诉决定。

二、讨论

1. 临床医学资料分析：妊娠不足 28 周、胎儿体重不足 1000g 而终止妊娠者称为流产。难免流产指流产不可避免，在先兆流产基础上，阴道流血量增多，阵发性下腹痛加剧，或出现阴道流液（胎膜破裂）。难免流产如果是完全流产，胚胎完全排出，阴道出血常会减少或停止，腹痛也会减轻或消失。如果是不完全流产，部分胚胎组织留在宫腔内，还会继续出血，甚至会出现大出血休克。

梅毒是由苍白螺旋体感染引起的慢性全身性传染病。梅毒孕妇即使病期超过 4 年，梅毒螺旋体仍可通过胎盘感染胎儿，引起流产、早产、死胎、死产、低出生体重儿和先天梅毒。先天梅毒儿占死胎 30% 左右，即使幸存，病情也较重。

2. 外伤性流产的认定：一般情况下，健康孕妇虽受一定程度的，甚至严重的外伤，并非必然导致流产，多数因胚胎发育异常或母体有疾病所致。因此必须检查母体和胚胎有无疾病或畸形，确定外伤能否引起流产时，要确切评价外伤的程度，认定外伤性流产应排除可能引起流产的其他原因。当然不能否认有时外伤和自发性流产有巧合的因素。

对外伤性流产法医学鉴定时注意把握以下几方面：一是有明确的外伤史，特别是腹部的直接打击、撞击等；二是外伤后短时间内出现阴道出血、腹痛症状；三是血 HCG 定量符合流产的转归；四是无药物、习惯性流产等母体因素影响；五是伤后B超检查孕囊大小是否与孕期符合，了解孕囊中胎心搏动的情况等；六是流产产物（胎儿胎盘）组织病理检查为胚胎组织且无发育不良等异常。

血HCG水平测定，未孕妇女血HCG<5mIU/ml，怀孕妇女血HCG>25mIU/ml。流产后血HCG逐步下降，13天后应恢复正常。如不符合这一情况，则应考虑有异常可能。对于伤者自送的流产产物，应行病理组织学检验证实为胚胎组织，同时行DNA检验以确证母体来源。习惯性流产大多由孕妇黄体功能不全、甲状腺功能低下、子宫发育异常、染色体异常、自身免疫或多次人工流产造成。一旦有习惯性流产史存在，一般不主张以外伤性流产评定损伤程度。外伤后存在先兆流产，有些孕妇怕影响胎儿发育未进行观察及保胎治疗而直接做人工流产的不能认定为外伤性流产。

3. 损伤程度：确定流产与外伤的因果关系后，依据流产的临床类型、流产的并发症等，确定伤者所受损伤程度。外伤性先兆流产，评定为轻微伤；外伤性难免流产、外伤性胎盘早剥，评定为轻伤二级；损伤致早产或者死胎、损伤致胎盘早期剥离或者流产，合并轻度休克评定为重伤二级。

4. 笔者认为：两案例的焦点是对流产与本次外伤之间因果关系的认定。案例1中马某腹部检查无明显外伤，阴道出血时间出现较晚（伤后8天），在此之前曾自愿放弃保胎而行肝脏增强CT扫描以明确包块性质；案例2中张某腹部没有直接受到外力，自身患有梅毒，且案发前化验检查血HCG偏低，伤后彩超检查胚胎停育。两者出现流产情况，无法除外自身因素所致，故不能确定为外伤性流产。

三、检察技术在办案中发挥的作用

两案例中，检察机关法医详细了解伤者的诊疗过程，科学客观地出具审查意见，维护了当事人的合法权益，避免两起错案发生，充分发挥了检察技术的法律监督作用。

四、经验总结

1. 送检（审）材料的特殊性：不管是在检验鉴定、专家会诊环节，还是在技术性证据审查环节，病程记录都是必须调取的，另外根据伤者的具体情况，可调取其在案发前的就医资料，以详细了解伤者的诊疗过程。

2. 外伤性难免流产的技术性证据审查要点：一是腹部有无明确外伤史，根据病历记载、案发现场录像、执法记录仪录像、卷宗笔录，确定腹部有无受到外力作用及作用力大小；二是伤后的症状表现，是否符合外伤性难免流产的特征；三是伤后是否积极就诊并配合治疗，有无可能影响胎儿发育的疾病或检查手段等因素；四是通过案发前伤者的就医资料，了解其自身状况。

3. 在有些鉴定文书中可以看到，鉴定机构在未明确损伤与外力因果关系的情况下即出具鉴定意见，虽然分析说明中有“具体损伤形成机制请结合案情调查”的表述，但实践中办案单位多采信鉴定意见使案件进入刑事诉讼程序。建议鉴定机构可以让办案单位先补充调查相关资料后，再决定是否出具鉴定意见书。▲

检察业务应用系统智能运维问答帮助平台研究*

文｜最高人民检察院检察技术信息研究中心　郑　颖　丰凯功　李志荣
云南省人民检察院　黄志一　孙恒一　温　睿
广东省人民检察院　章华娟
辽宁省人民检察院　邹吉峰

通过收集整理全国检察业务应用系统 2.0 的操作手册、精品问题、日常问题，构建检察业务应用系统专题运维知识库，利用自然语言处理、大语言模型、深度学习、语义搜索等技术，基于当前检察机关正在推动的移动检务政务微信平台，实现智能运维问答帮助平台，面向检察业务应用系统 2.0 用户，精准理解用户提出的问题，通过语义搜索引擎从知识库中检索匹配出最佳答案，较传统基于网站内容关键字搜索的运维知识库有了跨越式的进步。用户通过文字提问，系统以文字、图片、视频等多媒体方式为用户提供快速、简洁易懂的解答，经人工测试，问答有效率达 71.4%，可作为人工运维的重要补充方式，提升检察干警对检察信息系统的满意度和获得感。

一、研究目的和意义

检察业务应用系统作为检察机关的核心办案系统，经过十余年的不断升级完善涵盖检察机关各业务条线日常业务流程，功能点众多，各省级院为保障全省检察机关业务系统的正常运转需配置 4—6 人的运维团队，日均电话、微信处理运维问题近百个，这些运维问题中很多是反复出现的。检察干警经常遇到各种系统使用问题、系统故障问题，影响干警正常办案，传统的通过人工电话客服、现场技术支持运维方式存在响应速度慢、解

* 本文系最高人民检察院检察技术信息研究中心基本科研课题“全国检察业务应用系统智能运维回答帮助平台研究”（JBKY20210401）的成果。

答形式单一、只在工作时间响应、人工成本高等问题，在一定程度上已经不能满足人们对信息化运维响应的需求，如何快速响应运维需求，提质增效同时又降低人工运维成本，是检察机关信息化运维工作目前面临的难题。

近年来，国内企业对智能客服技术的认识、应用在不断深入，普及率也越来越高，特别是在电信、银行、电商等行业，如京东、淘宝、携程、移动等企业的智能客服系统已成为提高客户满意度和降低成本的重要工具。因此，在智能客服技术迅猛发展的时代，探索构建检察业务系统智能运维问答帮助平台，作为人工运维的重要补充方式，使得干警能够通过智能问答系统迅速获得技术支持，解决因终端故障、软件系统故障、操作不熟悉等带来的工作效率低下的问题，提高检察干警对检察信息系统的满意度和获得感，降低运维成本，对检察机关信息化运维工作具有现实的意义。

二、智能问答系统发展现状

智能问答系统的概念最早提出于20世纪60年代，并在此后不断发展。

2022年11月，ChatGPT（全名：Chat Generative Pre-trained Transformer）横空出世，仅用2个月就创造了App用户过亿的纪录。它是OpenAI研发的一款聊天机器人程序，能够基于在预训练阶段所见的模式和统计规律生成回答，还能根据聊天的上下文进行互动，真正像人类一样来聊天交流，甚至能完成撰写邮件、视频脚本、文案、翻译、代码、论文等任务。国内类ChatGPT系统陆续推出，文本生成类产品如百度的“文心一言”，讯飞的“讯飞星火”等大语言模型系统可实现小说诗歌创作、新闻内容生成、商业文案生成、智能对话聊天等功能。

2019年初，最高检举办全国检察机关第二届轻应用竞赛，云南检察机关基于智能运维问答系统的构想，通过微信小程序方式，利用百度图片OCR、微信语音转写和语音合成接口以及欧拉密自然语言开发平台，搭建了智能运维问答的demo系统。该系统支持通过“语音对话”“报错图片上传”“关键词搜索”三种提问方式，实现了人机对话式的智能运维问答系统。但该系统的开发维护成本较高，主要在知识库的建设维护方面，需要使用欧拉密自然语言开发平台对每个问答对进行较烦琐的语法设置和解析，需要具有开发能力的人员才能构建和维护知识库。另外，该系统对语义理解智能化的程度还不够高，因此该系统处于初期研究性探索和demo演示水平，还未达到生产环境下的可正式使用系统水平。

三、智能运维问答帮助平台设计和实现

构建检察机关业务应用系统智能运维问答帮助平台主要包括运维知识库建设、句子相似度算法和移动检务应用开发三个方面的研究内容。具体设计思路和实现情况如下：

（一）检察业务应用系统运维知识库构建

通过运维人员人工整理精品运维问答知识库，以一问一答的“问—答”对形式进行构建，问题的表述尽可能多种形式，包括口语化的表述、规范表述、简洁表述等，解答的描述按照规范、详尽的语言表述，辅助以重点标注的图片说明或操作短视频，帮助用户快速掌握解决办法。知识库的构建应尽可能覆盖全面，从已有的用户手册、运维记录、培训文档中，抽取并收集用户提出的各种问题，确保覆盖到检察业务应用系统的各功能模块。检察运维知识库的构建工作主要包括以下方面：

1. 知识库表示

知识库是一个问答对集合，采用一问一答的形式，把问题作为键，答案作为值组成的键 / 值对，用户给定的问题作为键查询这个键 / 值对。具体格式为：“问：×××”；“答：×××”。按照问题类型、业务类型进行分类，定义问题标签，实现对知识库问答对的分类标签化管理。

2. 知识库收集

通过收集全国检察业务应用系统 2.0 的操作手册、常见问题文档，并进行清理和标准化，确保知识库的数据质量和一致性。从已有的运维记录、问题反馈、用户手册等文档中，抽取并收集用户提出的各种问题，确保覆盖到不同领域和主题。为每个问题准备标准答案，确保答案是准确、详细、易懂的。对抽取的文档进行格式标准化，统一文档的结构、样式和命名规范，如格式为 WPS、Excel、XML、Json 等，确保数据的一致性，使后续处理更为容易。为了让用户更加容易理解解答，可加入截图、操作视频作为解答内容。

3. 知识库清洗

通过文本分析和去重技术实现识别和去除文档中的冗余信息和噪声，确保知识库中的内容是精简和有用的。建立检察业务应用系统术语表，识别和标准化文档中的领域术语，以确保语义一致性和可理解性。

4. 检察业务系统运维语料库

针对检察业务应用系统使用场景，构建一个丰富、多样且高质量的语料库，包括检察业务术语、案件类型、案卡项以及系统模块、功能表述等语料库，为训练智能运维问答模型提供充足的数据基础。同时，对语料库进行数据增强，通过对问题进行同义词替换、改变结构等方式，扩充语料库的多样性，提高模型的泛化能力。

5. 知识库学习和训练

建立用户在线反馈机制，支持用户提供实时反馈，可以通过在智能问答系统中的反馈按钮来实现，实时监控系统的问题解决率，可以评估系统的性能，并及时做出调整和优化。将语料库划分为训练集和测试集，确保在训练模型时有足够的数据，同时能够在测试集上评估模型的性能。

6. 知识库更新

根据检察业务应用系统版本升级、功能更新、各地实际使用等情况，定期收集检察业务应用系统问题集锦，确保知识库中的数据保持最新。

（二）句子相似度的算法研究和实现

基于问答对知识库的智能问答系统主要是将问答对存储在知识库中，当用户提出问题时，通过计算用户问题和知识库中问题的相似度，找到相似度最高的问题答案反馈给用户。在此类智能问答系统中，句子的相似性判断就是其核心算法，因此提高相似度计算的性能就是提升整体问答效果的最佳方式。中文语句相似度算法比传统基于关键字的搜索算法更加智能，一是考虑语句的整体语义信息，而不仅仅是关键字，二是能够分析语句的结构、词汇之间的关系等，以更准确地衡量相似度，适用于需要深入理解文本内容的场景。

句子相似度算法一般包括以下三个步骤：

1. 问题文本预处理

针对运维知识库收集的“问—答”中的问题文本进行预处理，主要是针对实现中文语句进行分词，并去除代词、助词、语气词等非关键词，保留名词、动词等关键词，可尽量提升关键词在检索中的权重。

2. 问题文本向量化

将知识库中"问—答"的问题文本进行向量化表示，即将一段文本转化为用数值表示的特征向量。目前，词嵌入技术（word Embedding）是目前词向量化的最常用方法。主要原理：一是特征提取，首先从原始数据中提取有用的特征，这些特征可以是高维空间中的向量，如词向量、图像像素等。二是降维，通过数学方法将这些特征映射到一个低维空间，如线性嵌入、非线性嵌入等。在这个过程中，高维空间中的相似性关系可以在低维空间中得以保持。

3. 向量相似度和问句匹配检索

当用户提出一个问题时，对用户问题进行向量化，通过计算用户问题和已有问题之间的相似度，检索出相似度最高、文本语义最相符的问题，因而可匹配相关问题的答案。最常见的计算方法是欧式距离和余弦相似度。欧式距离是通过计算两个向量之间的绝对距离来度量它们的差异。余弦相似度则是通过测量两个向量之间的夹角来确定它们之间的相似性。

图1描绘了基于运维知识库的以句子相似度计算为核心算法的智能问答系统的核心实现路径。

为了实现用户提问与知识库问题的相似度计算，我们在GPT3的私域垂直模型基础上进行二次开发改造，通过Embedding技术进行问题描述语句进行向量化，并采用欧式距离计算向量相似度。我们在检察工作网环境和互联网环境中准备了具有GPU计算资源的服务器，采用docker方式部署，同时安装部署python、nginx以及完整的基于chatgpt3改造的基于句子相似度计算的智能问答系统，并将260余个检察业务应用系统的精品问答对导入系统中。

（三）基于移动检务系统实现智能运维问答帮助平台

为应对疫情时期检察办公办案的信息化

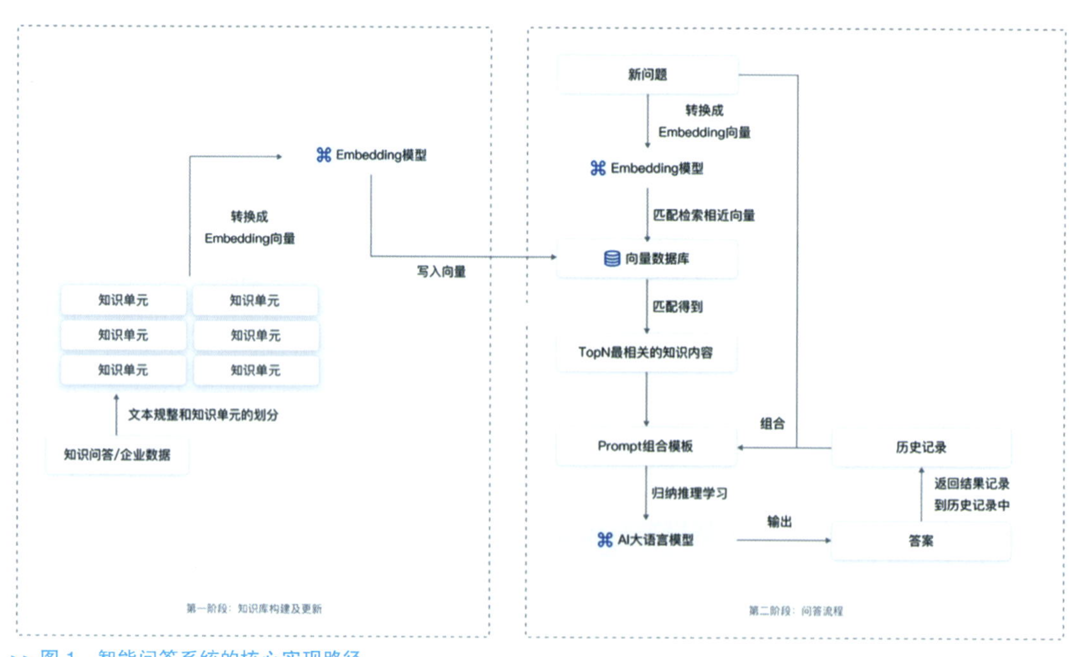

>> 图1　智能问答系统的核心实现路径

需求，最高检技术信息研究中心在互联网搭建私有化部署政务微信平台，在工作网部署政务微信服务端，为全国检察机关构建移动检务应用提供了基础平台。辽宁、黑龙江、云南、西藏等地积极应用政务微信平台作为即时通讯工具、移动办公应用平台，进行了有效的推广应用和轻应用功能开发。作为即时通讯工具，私有化部署的政务微信为检察干警提供了相对安全和比微信更快捷的工作联系方式。作为轻应用开发平台，政务微信提供了基础组织架构和用户体系，同时提供了简便快捷的应用接入方式。

基于政务微信实现智能运维问答帮助平台可采用连接式或者对话框形式，连接式只需要进行简单配置即可，对话框形式会获得更友好的用户体验，政务微信提供的消息回调接口为对话框形式接入提供了便捷途径。我们在工作网和互联网均部署了智能运维问答帮助平台，并接入政务微信平台，检察干警可以快速进入问答窗口。

图 2 为检察工作网网页端智能问答系统界面，测试问题为“文书打开失败”“新建文书后，打开时空白”“前序环节的文书看不到”。“文书打开失败”的问题匹配了一个唯一答案。“新建文书后，打开时空白”的问题除回答解决办法外，还提示了三个系统中近似的问题。

图 3 为基于检察工作网端政务微信的智能问答系统界面。

四、智能问答帮助平台功能测试

为测试系统的有效性和语义理解的准确性，我们组织运维人员对检察业务系统 2.0 中的常见问题进行人工测试，针对知识库中的问题，人工模拟用户多种不同的提问方式，测试系统是否能理解用户的问题，并找到正

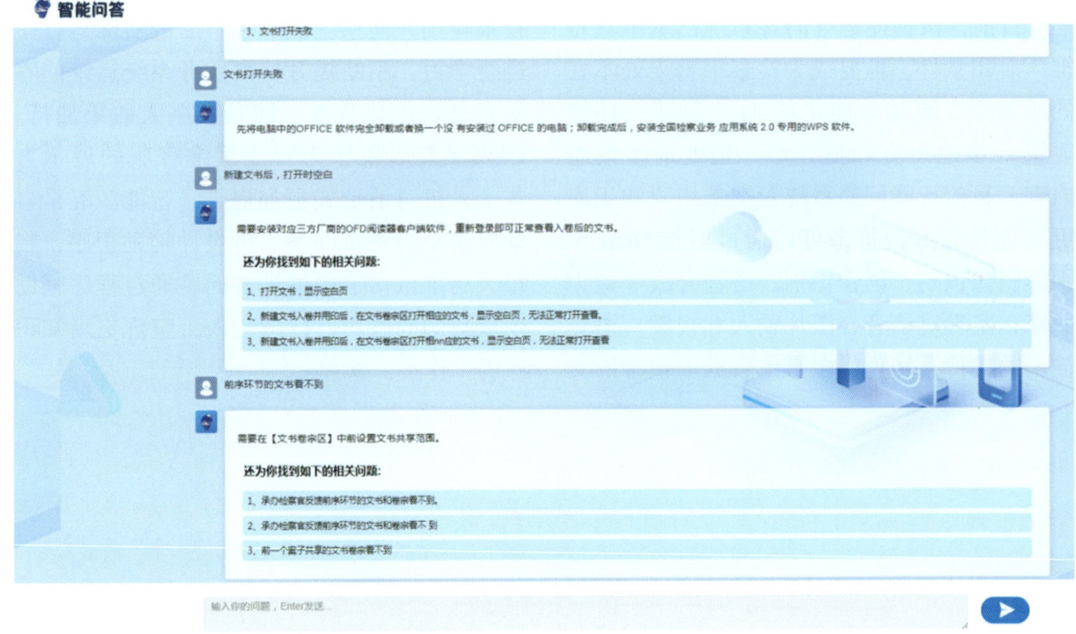

>> 图 2　检察工作网网页端智能问答系统界面

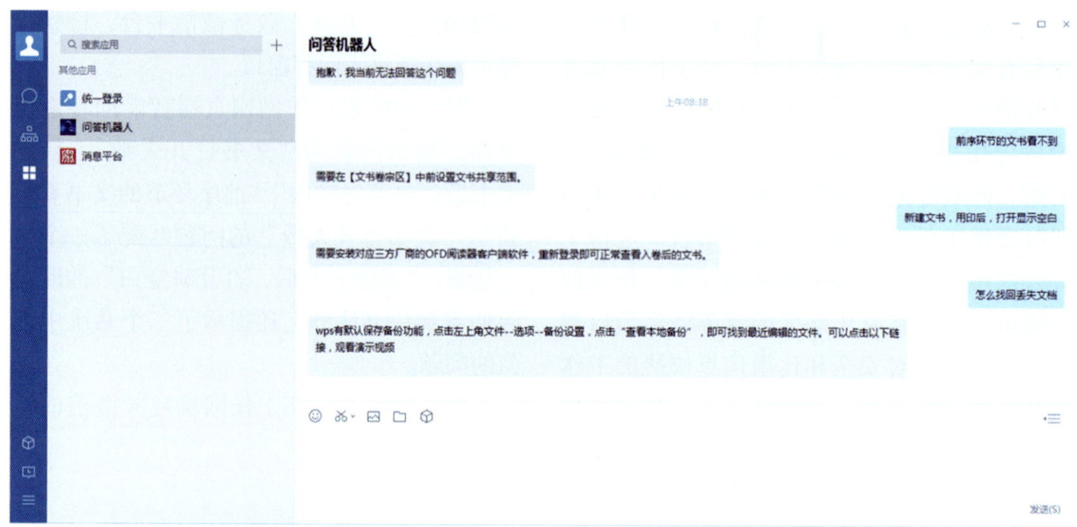

>> 图 3　检察工作网端政务微信的智能问答系统界面

确答案。我们对知识库中 84 个问题进行了测试，每个问题平均提出 3 种至 6 种不同的问题表达方式，共形成 266 个测试用例，其中成功 190 个，失败 76 个，成功率为 71.4%。

五、未来的规划

目前，该智能运维问答系统已基本具备推广应用条件，但要成为检察干警无处不在的小帮手，更加智能化的 AI 小助手，还需要进一步地研究和提升。一是处理多模态内容。目前智能问答系统对文本格式知识库更新支持较好，将来可以通过对接 OCR 识别、图像识别、语音识别、语音合成等能力引擎，实现对语音、图片输入和视频、语音输出的支持，实现将多媒体数据中包含的文本信息进行提取和标注、理解。二是递进式智能问答。通过自然语言处理技术运用，对递进型问句、补充型问句进行上下文语义理解，依次推送相关问题答案。三是深度学习算法改进。探索增量式学习、自适应模型等技术应用，使系统能够在不断的实际运行中进行学习，不断提升检察业务系统运维问答平台的智能化程度。四是数字人效果加持。以数字人形象作为智能运维客服的展示方式，人机对话形式更加逼真、智能。五是自动收集整理每日问答。可设计辅助程序，将每天运维微信群中反馈的问题通过程序辅助生成新的问答对，以减轻人工整理更新知识库的工作量。▲

“0 糖”食品真的 0 糖吗?

文 | 最高人民检察院检察技术信息研究中心　　郝明杨

检察技术信息研究中心环境食品药品技术处近期对某地送检的包装标签为“零糖”“0 糖”“0 蔗糖”食品的糖类含量进行了检测，发现所有送检的食品检材均含有一定量的糖类物质。经查阅相关文献资料，检材中的糖类含量虽符合“0 糖”的国家标准，但涉及的虚假夸大宣传情形值得进一步研究。

一、“0 糖”食品情况介绍

如今，越来越多的人注意控制糖分的摄入，选择低糖食品或者 0 糖食品。“0 糖”食品一般是指不含果糖、葡萄糖、蔗糖、麦芽糖、乳糖等的甜味食品，是用木糖醇等多元糖醇和功能性低聚糖代替小分子简单糖，使食物既有糖的味感，又低热量，更有益于健康。

根据国家标准《预包装食品营养标签通则》(GB 28050—2011)的规定，所有预包装食品营养标签强制标示的内容包括能量、核心营养素的含量值及其占营养素参考值(NRV)的百分比。如表 1 所示，当某营养成分含量数值≤“0”界限值时，其含量应标示为“0”，即“0 糖”的要求是指固体或者液体食品中每 100 克或者 100 毫升的含糖量不高于 0.5 克。因此，“0 糖”食品并不真正 0 糖。

很多商家为了吸引消费者，特意将“零糖”“0 糖”“0 蔗糖”等字样标注在食品外包装标签显眼处，这类食品是否符合国家标准中“0 糖”的要求，其糖类含量的检测值得关注。

GB 28050—2011

表 1 能量和营养成分名称、顺序、表达单位、修约间隔和"0"界限值

能量和营养成分的名称和顺序	表达单位[a]	修约间隔	"0"界限值（每 100 g 或 100 mL）[b]
能量	千焦（kJ）	1	≤17 kJ
蛋白质	克（g）	0.1	≤ 0.5 g
脂肪	克（g）	0.1	≤ 0.5 g
饱和脂肪（酸）	克（g）	0.1	≤ 0.1 g
反式脂肪（酸）	克（g）	0.1	≤ 0.3 g
单不饱和脂肪（酸）	克（g）	0.1	≤ 0.1 g
多不饱和脂肪（酸）	克（g）	0.1	≤ 0.1 g
胆固醇	毫克（mg）	1	≤ 5 mg
碳水化合物	克（g）	0.1	≤ 0.5 g
糖（乳糖[c]）	克（g）	0.1	≤ 0.5 g
膳食纤维（或单体成分，或可溶性、不可溶性膳食纤维）	克（g）	0.1	≤ 0.5 g

二、技术办案情况

检察人员在对辖区超市走访过程中发现，0糖食品可能存在违法添加剂，标有"0糖""0蔗糖""无糖"等食品可能涉及虚假宣传的问题，遂将查缴的食品送检检察技术信息研究中心。检材共 9 份，分别为桃桃乌龙茶（标签 0 糖）、奥利奥夹心饼干（标签 0 糖）、酷滋无糖薄荷糖（标签无糖）、元气森林气泡水（标签 0 糖）、菲诺零糖椰乳（标签零糖）、初饮初乐果粒荔枝饮品（标签 0 蔗糖）、歌本瑞无糖香草味曲奇（标签无糖）、OKF 库拉索芦荟饮料（无糖）、椰泰 0 糖椰汁（标签 0 糖）。

检察技术人员依照《食品安全国家标准 食品中果糖、葡萄糖、蔗糖、麦芽糖、乳糖的测定》（GB/T 5009.8—2023）第二法离子色谱法，结合检察技术信息研究中心离子色谱仪硬件条件，经过多次实验，建立了测定食品中果糖、葡萄糖、蔗糖、麦芽糖、乳糖含量的定性定量方法，检测限到毫克级别。随后，对送检的 9 份检材中糖类的含量进行检测，

表 2 9 份检材糖类物质含量

样品名称	标签	葡萄糖	果糖	蔗糖	乳糖	麦芽糖
桃桃乌龙茶	0 糖	0.027	0.028	0.053	0	0
奥利奥夹心饼干	0 糖	0.071	0	0.124	0	0.095
酷滋无糖薄荷糖	无糖	0.079	0.102	0.0134	0	0.013
元气森林气泡水	0 糖	0.041	0.067	0.010	0	0.003
菲诺零糖椰乳	零糖	0.007	0.012	0.072	0	0
初饮初乐果粒荔枝饮品	0 蔗糖	0.056	0	0	0.004	0.034
歌本瑞无糖香草味曲奇	无糖	0	0.007	0.169	0	0.024
OKF 库拉索芦荟饮料	无糖	0.067	0.034	0	0	0
椰泰 0 糖椰汁	0 糖	0.007	0.010	0.071	0	0

注：单位为 g/100g（mL）

发现所有送检的食品检材均含有一定量的糖类物质，实验结果如表 2 所示。从检测结果上看，送检的 9 份检材中糖类的含量均符合国家标准 GB 28050—2011 中“0 糖”的要求。

三、思考与建议

（一）“0 糖”标识类型不一，表述缺乏规范性

营养标签是消费者获取 0 糖食品营养信息的重要途径，也是帮助消费者判断和选购食品的最直接工具。目前我国营养标签中的强制标示项目为营养成分表中的能量、碳水化合物、脂肪、蛋白质和钠。我国《食品标识监督管理办法（征求意见稿）》中明确规定，对于食品中不含有或者未使用的物质，不得以“不添加”“零添加”“不含有”或类似字样强调不含有或者未使用。办理此次案件及随后调研中发现，某些商家存在利用“无蔗糖添加 /0 蔗糖”“不添加白砂糖”等文字标识，混淆“0 糖”与“0 蔗糖”的概念，虚假宣传误导消费者购买等问题。“0 糖”食品并不真正 0 糖，已有研究表明，低剂量糖类摄入也可能增加饮食血糖负荷，导致胰岛素抵抗、胰岛细胞功能障碍和炎症，影响糖尿病患者身体健康。建议相关部门加强对食品相关生产活动的监督管理，完善相关的管理体系，生产企业在食品标识中不能仅仅注明“0 糖”，应明确注明糖类含量，并注明因低于 0.5g/100g（mL）而标示为“0 糖”，从而避免虚假宣传误导消费者购买误食含糖食品。

（二）“0 糖”食品甜味剂添加值得关注

甜味剂作为 0 糖食品中的重要配料，其使用类型和数量情况值得探讨。调研发现，“0 糖”食品的甜味剂添加率为 67.8%。使用率较高的天然甜味剂包括麦芽糖醇、木糖醇、赤藓糖醇和山梨糖醇；人工甜味剂包括三氯蔗糖、安赛蜜和阿斯巴甜。人工甜味剂以其甜度高、热量低、成本低廉的性能被广泛适用于饮料的生产中，但部分人工甜味剂的研究存在争议，安全性有待提高。例如当安赛蜜摄入过量时，一方面会影响胃肠消化酶的分泌，从而降低食欲；另一方面，若短时间内摄入大量安赛蜜可能会引起脏器的损伤，导致恶性中毒事件。阿斯巴甜的分解物有苯丙氨酸，会引起苯丙酮尿症患者的脑部损伤，此类人群不宜摄入含有阿斯巴甜的食品。建议相关部门应对甜味剂的安全性进行持续监测，食品生产应向营养健康发力，通过使用优质甜味剂发展“0 糖”食品行业。检察技术信息研究中心可借助现有实验条件，开发甜味剂检测手段，进一步拓展检验鉴定能力范围，为地方检察机关办理相关案件提供技术支持。▲

法医技术支持办理吴某故意伤害案

文 | 四川省成都市人民检察院　朱　鹏
四川省邛崃市人民检察院　陈登科
四川省大邑县人民检察院　王许燕

在协助办理轻伤害刑事检察案件时，检察技术部门牢固树立“简案优质办”的工作理念，综合运用检验鉴定、技术性证据审查等多种手段，将技术支持嵌入事实认定、证据审查、矛盾实质性化解、制发检察建议及类案监督全过程，推动案件办理从“治罪”走向“治理”，为高质效办好每一个案件提供了技术保障。

一、基本案情

吴某与陈某系男女朋友关系，因感情纠葛，吴某常常殴打陈某。2021年12月27日，吴某再次在家中与陈某发生争吵并引发扭打，打斗过程中，多次用脚踢陈某胸部。后经邛崃市公安局物证鉴定室鉴定，陈某存在2处肋骨骨折，适用轻伤二级条款，邛崃市公安局遂以吴某涉嫌故意伤害罪提请检察院审查起诉。为进一步查明案件事实，2023年3月30日，邛崃市人民检察院刑事检察部门委托检察技术部门开展技术性证据专门审查。

二、检察技术工作

（一）落实技术一体履职，锁定原有鉴定瑕疵

由于院内暂未配备法医技术人员，邛崃市人民检察院检察技术部门在接到委托后，第一时间向成都市人民检察院检察技术部申请了技术支持，由成都市人民检察院在全市两级院内指派法医技术人员参与案件审查。经审查发现，邛崃市公安局物证鉴定室出具的《法医学人体损伤鉴定书》主要存在两大问题：一是鉴定过程中未开展阅片。鉴定机构对被鉴定人的伤情认定，仅依靠CT影像学报告单中的结论意见即作出，没有对CT原

片进行复阅，违背了司法鉴定中的“亲历性”原则。二是适用标准与鉴定意见不一致。鉴定意见对被鉴定人右侧第 8、9 肋骨腋段骨折伤情予以认定后，依照《人体损伤程度鉴定标准》5.6.4b）“肋骨骨折 2 处以上”的“轻伤二级”标准，将被鉴定人损伤程度评定为轻伤一级，存在前后不一致的逻辑错误。法医技术人员随即出具了“鉴定意见不够全面严谨、鉴定意见存在笔误”的审查意见，并及时反馈承办检察官。

（二）重新鉴定辨微析疑，深度还原伤害事实

审查意见出具后，法医技术人员配合承办检察官就被害人伤情检查有关情况进行了全面复盘，通过查阅案卷、走访被害人了解到，陈某在案件发生后，于 2021 年 12 月 28 日入院治疗，住院期间，先后在 2021 年 12 月 28 日、12 月 31 日和 2022 年 1 月 14 日进行了三次 CT 检查，但公安机关物证鉴定室仅参考了 2021 年 12 月 28 日的 CT 影像学报告单，依据材料不够全面。为深度还原被害人伤害事实，2023 年 4 月 19 日，承办检察官委托成都市人民检察院司法鉴定中心对陈某的人体损伤程度进行重新鉴定。法医技术人员通过法医临床学检查、调阅陈某 2021 年 12 月住院期间全部 CT 原片等方式，发现被害人陈某存在左侧第 5、6 肋骨前支，右侧第 6、7 肋骨前支，右侧第 8、9 肋骨腋段新鲜骨折，肋骨骨折数量已达 6 处，遂依据《人体损伤程度鉴定标准》5.6.3c“肋骨骨折 6 处以上”之规定，将其损伤程度评定为轻伤一级。

（三）技术赋能矛盾化解，助力推动简案优质办

考虑到本案嫌疑人吴某与被害人陈某之间积怨已久，两人对于前后两次鉴定意见认识不一，一直未能达成赔偿协议，致使陈某长期缠访闹访，不利于社会稳定。为进一步强化推动案件办理的政治效果、法律效果、社会效果有机统一，鉴定意见出具后，法医技术人员经与承办检察官会商一致，就重新鉴定结论主动与嫌疑人、被害人分别作了面对面沟通反馈，对伤情认定过程、适用条款内容等予以释法说理，两人当即对重新鉴定意见表示认可，并最终达成赔偿谅解。2023 年 9 月 6 日，邛崃市人民法院以故意伤害罪判处被告人吴某有期徒刑一年，缓刑二年。至此，延续多年的矛盾纠纷得到有效化解。

（四）依法支持监督履职，协同制发检察建议

经检察技术人员后续走访发现，本案中公安机关存在的取证不全、鉴定过程不够严谨规范等问题，在轻伤害案件中较为常见，为避免类似情况再次发生，邛崃市人民检察院检察技术部门主动与刑事检察部门对接，经报院党组及上级院技术部门同意后，从专业角度提出工作建议：一是重视案件办理细节，以免错过取证的关键时期导致证据缺陷。二是规范取证过程，尽可能提供完整充分的证据材料，避免因材料不足影响鉴定结果。三是规范鉴定过程，在出具法医学人体损伤程度鉴定书时，应全面参考送检检材，注重对原始影像学资料的亲自阅片，同步强化文书内容把关，确保鉴定意见科学可信。相关建议经刑事检察部门审定后，向公安机关制发了检察建议，公安机关完全采纳并予回复。

三、启示和意义

（一）办理人身伤害类刑事案件应严格审查鉴定意见

以审判为中心的刑事诉讼制度改革更加

突出证据的重要性，要求侦查机关侦查终结，人民检察院提起公诉，人民法院作出有罪判决，都应当做到犯罪事实清楚，证据确实充分。在刑事案件中，鉴定意见直接关系到案件事实的认定，关系到罪与非罪、罪重与罪轻。因此，检察机关在履行批捕、起诉等职能时，应当树立正确的鉴定意见认知观念，把好证据关，提升办案质效。

（二）赋能高质效检察办案需要检察技术做到“三种履职”

技术支持检察履职要摒弃“各自为阵”的思想，以构建全市两级院灵活高效的一体化工作格局为基础，更加突出多技术专业、多技术手段协同办案，即，综合运用检验鉴定、技术性证据审查、技术协助等方式，将技术支持嵌入事实认定、证据审查、矛盾实质性化解全过程，全面发挥检察技术对高质效办好每一个案件的保障作用。

（三）技术协作办案要从“治罪”走向“治理”，为类案监督提供思路

检察技术部门就个案办理过程中发现的共性问题，应当主动与业务部门对接联系，从专业技术层面辅助承办检察官制发检察建议，这既是检察业务与检察技术互动融合发展的缩影，也是个案监督上升为类案监督的有效路径，更为检察技术办案从“被动”走向“主动”，深度参与社会治理和法律监督，维护司法公正提供了范例和指引。▲

法医技术支持行政检察工伤认定监督案例

文 | 河南省新乡市人民检察院　　吴　岩　张彦民　杨明朝

检察机关在审查死亡判定案件时，应结合案件具体情况，着重分析死亡机制，多方研判，审慎提出审查意见。在张某丽丈夫杨某宾工伤认定案中，检察技术部门与行政检察部门协作配合，在了解案情确定案件争议焦点基础上，通过查看、调阅案件相关证据与文献材料，综合全案材料进行死亡时间分析，出具了决定本案再审改判的关键技术性证据审查意见。该案通过法医技术性证据审查有效协助了行政检察部门认定案件事实和把握关键证据，提高了检察监督质效。

一、案情简要

2021 年 7 月 20 日，河南省新乡市出现暴雨灾害天气，多处严重受灾。2021 年 7 月 25 日早上，新乡市某机关工作人员杨某宾受单位派遣，到指定地点从事抗洪救灾活动。下午 3 时许，杨某宾在单位待命时突发疾病，经新乡市中心医院抢救无效于 2021 年 7 月 30 日 11 时 20 分宣布临床死亡。2021 年 9 月 24 日，新乡市人力资源与社会保障局（以下简称新乡市人社局）对杨某宾的情况作出不予认定工伤决定书。

张某丽系杨某宾妻子，对于新乡市人社局的不予认定工伤决定不服，于 2022 年 1 月 19 日起诉至新乡市红旗区人民法院，红旗区人民法院一审判决撤销新乡市人社局的不予认定工伤决定书，并限新乡市人社局重新作出行政行为。新乡市人社局不服一审判决，向新乡市中级人民法院上诉，认为张某丽提供的证据不能证明杨某宾的情形符合工伤认定，新乡市中级人民法院二审判决不予认定工伤。张某丽不服此认定，向河南省高级人民法院申请再审，河南省高级人民法院于

2022年9月23日裁定驳回再审申请。张某丽不服，向新乡市人民检察院申请检察监督。

二、检察技术办案过程及结果

（一）技术参与办案，确定案件焦点

新乡市人民检察院收到张某丽的申请后，本着尊重事实，绝不让英雄“流血又流泪”事件发生的原则，积极开展案情调查工作。行政检察部门分析具体案情后，向检察技术部门委托技术性证据审查。检察技术部门受理委托后，立即与本案检察官沟通，全面、细致了解案情，对认定事实中存在的疑问和难点进行交流，掌握案情并了解行政检察部门的困惑，迅速明确本案焦点在于张某丽提供的新乡市中心医院的病程记录、死亡病例讨论记录等证据材料是否足以证明杨某宾“48小时之内死亡”。根据《工伤保险条例》第15条规定：“职工在工作时间和工作岗位，突发疾病死亡或者在48小时之内经抢救无效死亡的，视为工伤。”换言之，在医院宣布临床死亡的时间点，已经距杨某宾突发疾病入院抢救的时间超过48小时，这是新乡市人社局作出工伤不认决定书和新乡市中级人民法院判决不予认定工伤的重要依据。

（二）组织法医鉴定、专家会诊，出具审查意见

明确案件焦点后，在缺少杨某宾明确脑死亡临床判定记录的情况下，检察技术部门本着为人民司法、为法治担当、高质效办好每一个案件的原则，迅速组织法医对杨某宾住院病历资料进行技术性证据审查，深入分析杨某宾在入院治疗后48小时之内是否达到脑死亡。审查意见为：杨某宾在2021年7月27日9时30分临床表现为神志深昏迷，无自主呼吸，双侧瞳孔散大，对光反射消失，符合国家卫生健康委员会脑损伤质控评价中心《中国成人脑死亡判定标准与操作规范（第二版）》载明的脑死亡临床判定标准：“一、先决条件：（一）昏迷原因明确；（二）排除了各种原因的可逆性昏迷。二、临床判定标准：（一）深昏迷；（二）脑干反射消失；（三）无自主呼吸。杨某宾昏迷原因明确（脑干出血破入脑室），临床表现符合脑死亡的临床判定标准，综合分析杨某宾在工作岗位突然摔倒，头部着地，脑干出血是根本死因，脑干出血不排除头部着地外力作用因素，杨某宾入院48小时内脑死亡已发生。随后，为确保案件审查准确性，又邀请医院及高校的专家进行会诊，专家会诊意见与技术性证据审查意见一致，均认为杨某宾入院48小时内脑死亡已发生。

（三）明晰法理依据，发出再审建议

我国现行法律未明确规定死亡判定应采用脑死亡或心肺死亡标准，参考最高检发布的颜某某诉广西某县人力资源和社会保障局工伤认定及行政复议检察监督典型案例，河南省高院（2019）豫行再154号行政判决，为保护劳动者合法权益，在适当时应当作出对劳动者有利的解释。本案中，杨某宾自入院治疗宣告心肺死亡超过48小时，但脑死亡未超过48小时，本案采用脑死亡标准有利于杨某宾，应当采用脑死亡标准认定死亡时间。新乡市人民检察院法医出具技术性证据审查意见书，参加检委会讨论并予以说明。2023年6月5日，新乡市人民检察院向新乡市中级人民法院发出再审检察建议书，认为：1.张某丽提供的杨某宾病历资料及医生证言等证据材料、法医技术性证据审查意见、专家会诊意见能够证实杨某宾入院48小时内已经脑死亡；2.本案应当采用脑死亡标准认定死亡时间；3.杨某宾符合视同工伤条件应当认定为工伤。

（四）法院裁定再审，工伤认定成立

新乡市中级人民法院收到再审检察建议书后，组织召开审委会讨论，检察法医参加审委会并说明了认定为脑死亡的依据，审委会一致同意工伤认定再审。2023年10月20日，新乡市中级人民法院出具书面回复，正式裁定本案再审。2024年3月5日，新乡市中级人民法院再审此案，同样认为此案之前的争议焦点在于对“在48小时之内抢救无效死亡”的理解，该院认为：

1. 从工伤保险的立法宗旨来看，《工伤保险条例》属于社会法范畴，应当遵循社会法有关规范和原则，主要体现对弱者的倾斜保护。

2. 从视同工伤的立法本意来看，在工伤保险认定法律条文比较抽象，内容较为笼统和具体情况列举不明等情况下，在恪守法律基本原则的情况下，可以将工伤认定中涉及公民基本权利方面予以适当延伸，进行有利于劳动者合法权益且合乎生活情理的解释，使处于弱势地位的劳动者能够获得社会保险给付。

3. 关于死亡标准，医学上分为神经学死亡（又称脑死亡）和循环学死亡（又称心死亡），应采用哪种死亡标准进行认定，在法律尚未明确规定的情况下，应当作出对劳动者有利的解释来认定其死亡时间。

4. 杨某宾新乡市中心医院的病程记录、死亡病例讨论记录等证据材料，经新乡市人民检察院法医技术性证据审查及组织专家会诊，均认为杨某宾入院48小时内脑死亡已经发生。根据最高人民法院《关于适用〈中华人民共和国刑事诉讼法〉的解释》第100条：“因无鉴定机构，或者根据法律、司法解释的规定，指派、聘请有专门知识的人就案件的专门性问题出具的报告，可以作为证据使用。”检察法医技术性证据审查及专家会诊意见可供法院参考并与其他证据相互印证，能够证明杨某宾入院48小时内脑死亡发生。

判决如下：撤销新乡市人社局的不予认定工伤决定书，并限新乡市人社局重新作出行政行为。2024年4月12日，新乡市人社局出具新认定工伤决定书，对杨某宾的情况认定为视同工伤。

三、案件意义及启示

（一）脑死亡判定标准对现行法律制度的补充意义

我国现行法律中有宣告死亡制度，有推定死亡制度，而对自然死亡的规定缺乏。目前医学和法律上，还是以呼吸、心跳停止为判定死亡的标准。无论学校还是医院，教的都是如何诊断疾病，一般不教如何诊断死亡，脑死亡还没有引入临床或司法实践。不过，呼吸机可以在没有脑功能的情形下维持呼吸，维持了呼吸也就维持了心跳，而心脏的自律性及解剖生理基础决定了心脏并非死亡终末器官。心脏的自律性、骤停后可反复复苏性、功能的可人工替代性和损坏后可多次置换性，使心脏彻底失去了作为死亡判定标准的权威性。当今医学界日益主张脑功能活动不可逆丧失，即脑死亡作为人的个体死亡指标。

脑干是颅神经的发源地，是各种感觉纤维投射至皮质的必经之路，具有调节心血管活动和自主呼吸的重要生理功能，而且脑干内的网状上行激活系统在维持个体意识清醒状态有重要意义，所以脑干一旦破坏，自主呼吸和脑干反射将会消失，而且感觉和意识也会随之丧失。大脑皮质主管人的思维、意识、情感、认知、学习、记忆等功能，大脑皮质一经死亡，上述功能就不复存在，人类

生命活动具有生物性和社会性，即在保证机体正常生理功能的同时，还要能够保持良好的认知、思维、学习、交流等能力，一旦大脑皮质死亡，人就丧失了认知、思维、学习、交流等能力，这时个体生命的社会属性已经消失，从社会角度来说，个体已经死亡。

脑死亡作为个体死亡的诊断，不是取代传统心肺死亡的诊断，而是在医疗救治技术发展基础上，促进对死亡诊断标准的补充。一般情况下，心跳呼吸停止后8—10分钟即可导致全脑功能不可逆转的丧失和脑死亡，如此短的时间内多难以进行及时有效的复苏抢救。因此，在临床实践中，对大多数非原发性脑严重损害者，心跳呼吸停止仍是简单有效地确定死亡的诊断标志。在全脑或脑干发生致命性损伤和原发性损伤或原发性脑疾病时，心肺等器官功能基本完好的情况下，应适用脑死亡的诊断。

国家卫生健康委员会脑损伤质控评价中心以临床实践为基础，以病例质控分析结果为依据，以专家委员会、技术委员会和咨询委员会意见为参考，修改完善并推出中国成人《脑死亡判定标准与操作规范（第二版）》。对脑死亡、判定标准、判定步骤、判定人员等做了说明，脑死亡的认识在逐渐完善，立法也在推进中。

（二）检察法医在案件办理中的关键作用

本案中，杨某宾在新乡市抗洪救灾过程中因天气炎热、劳累过度而突发疾病，其践行初心、担当使命的英勇行为值得褒奖。在脑死亡已经发生的情况下，其家属和单位基于人文关怀，对其不离不弃，坚持积极实施抢救，符合社会道德的价值取向，应予尊重。作为救死扶伤的医疗机构竭尽所能对其救治，延续其生命，希望医疗奇迹的出现亦是职责所在。依照《脑死亡判定标准与操作规范（第二版）》在临床上及时进行相关检查，判定死亡较易操作，而本案在案件发生后，并没有进行这方面的相关操作，没有检查数据，判定脑死亡的客观条件已经丧失。

2023年9月19日，最高检第七检察厅与检察技术研究中心联合印发《关于在行政检察监督工作中加强技术协作配合的意见》，要求加强行政检察监督办案技术协作工作，增强行政检察部门委托技术性证据审查、检验鉴定、技术协助和有专门知识的人参与办案等技术协作意识。意见明确了“在工伤认定类行政检察监督案件中，申请人对伤情认定、死亡原因等提出异议，且提供初步证明材料的，行政检察部门应当委托进行技术性证据审查”。

新乡市人民检察院检察技术部门和行政检察部门协作配合，检察法医主动深入了解本案详细情况，在脑死亡临床诊断资料缺乏的情况下，对杨某宾病例资料进行技术性证据审查，结合死亡病例讨论记录等材料依据法医学理论、临床医学理论深入分析，并邀请专家会诊讨论，最终解决了本案的关键问题。法医技术性证据审查意见和专家会诊意见作为杨某宾48小时内脑死亡的关键依据，为再审检察建议提供了关键支撑。法医参加检委会、审委会并说明情况，进一步发挥了有专门知识的人协助办案的作用，法院再审采信了法医意见作为证据，发挥了检察技术对行政检察业务办案的支撑保障作用，真正让检察技术保护了人民群众的正当利益。该案的再审改判，有利于体现司法机关的司法温度，有利于弘扬社会主义核心价值观，有利于厚植执政为民的政治基础，让“英雄”的合法权益得到捍卫，体现了政治效果、法律效果及社会效果的有机统一。▲

肩关节习惯性脱位法医学鉴定分析

文 | 河北省石家庄市人民检察院　　任常林　靳彦奎

一、简要案情

宋某，男，33岁，2023年11月15日与他人发生打斗，摔倒致使右肩脱位。办案单位委托河北省石家庄市人民检察院司法鉴定中心对宋某右肩伤情进行司法鉴定。办案人介绍：宋某与他人发生打斗，过程中对方推倒宋某至水泥地，其右手掌撑地，右肩当时不能活动，无其他部位不适。遂送医诊治，查体见右肩肿胀、压痛，方肩畸形，关节盂空虚，锁骨区未触及骨擦感，右肩关节活动受限，右桡动脉可触及搏动，右手各手指感觉活动可。影像检查后确诊右肩关节脱位，予以复位并进行影像复查。

通过听取办案人对案情的介绍和打斗过程并查看监控录像，发现宋某与对方发生打斗过程中，两人一起半跪姿势向右侧倒地，宋某右肘部先着地而后两人倒在一起，旁人拉开后发现宋某右肩不能活动，法医初步分析宋某在打斗中此种摔倒撑地所受到的力度不足以造成一名青年男性出现右肩关节的脱位，要求办案人进一步查明是否存在习惯性肩关节脱位，并调取既往就医病历影像资料。

经办案人询问得知宋某曾多次因右肩关节脱位在当地医院就诊，而后在当地两家医院调取到宋某2021年5月29日、2022年1月15日、8月5日及2023年2月3日因右肩关节脱位的就诊记录及影像资料。

二、法医学检验鉴定

法医对宋某进行查体：其右肩活动可，肩外侧皮肤感觉正常，肘、腕关节未查见感觉、运动异常，肩峰及关节盂处稍压痛。审阅王某全部就诊病历及影像资料见右肩多次脱位，经手法复位。本次损伤后影像与既往右肩脱位后影像对比，王某右肩关节前下脱位并复位，局部见陈旧性游离骨块，肱骨大结节骨质连续，关节盂骨质完成，盂唇未见撕裂改变，局部无出血改变。

宋某 2021 年、2022 年及 2023 年右肩关节五次脱位影像检查，说明其右肩关节存在习惯性脱位，且阅片未见右肩关节存在新鲜软组织及骨质损伤，依据《人体损伤程度鉴定标准》之规定，评定宋某的伤情未达轻微伤鉴定标准。

三、案例讨论

（一）肩关节解剖结构特点

肩关节属于结构相对不稳定的球窝关节，其组成关节肩胛盂浅小、肱骨头较大、活动范围大、关节囊、韧带松弛，以上原因造成肩关节的稳定性较差，尤其是受到外力作用后增加了脱位的概率。

（二）肩关节前脱位机制

肩关节脱位发生于青壮年男性多于女性。习惯性肩关节脱位指患者在初次创伤后因损伤的关节囊或盂唇未能及时修复，以后轻微的暴力或日常生活中某些动作如上肢外展、外旋及后伸穿衣举臂等即可导致的肩关节反复脱位。以前脱位多见，占所有肩关节习惯性脱位的 85% ~ 95%。[①]

肩关节前脱位的机制主要是由直接暴力或间接暴力引起的，间接暴力较为多见，例如患者摔倒时，手掌本能撑地，上臂呈外展位，力的方向从手掌指向肱骨头，使肱骨头冲破肩关节囊前壁，出现肩关节前脱位，持续作用下容易造成喙突下脱位或是锁骨下脱位；当肩部外展幅度过大或是后伸幅度过大，肱骨颈或大关节与肩峰相抵触，使肱骨头滑落，根据肱骨头滑落位置的不同，造成不同类型的肩关节脱位：肩关节前脱位、肩关节后脱位、肩关节上脱位（罕见）、肩关节下脱位（更为罕见）。[②]

（三）Hill-Sachs 损伤发生机制

当肩关节前方脱位时，外部暴力使肱骨头向前方位移，关节囊结构受牵拉，若暴力足够大，则使关节盂前缘撞击肱骨头后外侧而导致肱骨头压缩骨折，表现为肱骨头后外上方的沟槽状骨性缺损，即 Hill-Sachs 损伤。研究表明，Hill-Sachs 损伤的发生率占初次肩关节脱位的 40% ~ 70%，而在复发性肩关节脱位中则高达 80% ~ 93%。[③] 发生于肱骨头的 Hill-Sachs 损伤常出现在反复脱位之后，特别是在肩关节外展外旋的位置时发生的前脱位。

（四）肩关节脱位并发症表现

肩袖损伤、腋神经损伤、肩部血管损伤可表现为外展旋转功能受限；三角肌麻痹，造成肩外展功能障碍和皮肤感觉障碍以及远端肢体屈肘无力，前臂桡侧感觉障碍；患肩迅速肿胀，以腋窝部更明显，远端动脉搏动减弱。

四、本次鉴定中的讨论

该案中被鉴定人自 2021 年 5 月 29 日、2022 年 1 月 15 日及 8 月 5 日、2023 年 2 月 3 日及 2023 年 11 月 15 日反复五次出现右肩关节脱位，并均经过手法复位治疗，未见肩袖、腋神经、血管损伤的存在，可以认定其存在习惯性右肩关节脱位。

阅片可见存在陈旧性游离骨片及 Hill-

① 赵辉、吴敬涛等:《习惯性肩关节前脱位的诊断与治疗》，载《中国全科医学》2008 年第 16 期。
② 刘平、程亦斌:《肩关节脱位法医学鉴别诊断 2 例》，载《法医学杂志》2020 年第 3 期。
③ 杨英恺、杨天潼等:《肩关节脱位伴陈旧性 Hill-Sachs 损伤法医学鉴定 1 例》，载《中国法医学杂志》2020 年第 2 期。

Sachs 损伤，未见新鲜骨折及盂肱韧带损伤等表现，提示陈旧性骨性损伤系被鉴定人既往右肩关节习惯性脱位过程中形成，不是本次损伤外力作用造成。

综上分析，本案中宋某右肩关节习惯性脱位主要为自身原因所致，外力作用参与轻微。

五、针对该类鉴定开展，需要注意的方面

一是根据成伤机制，分析致伤过程是否足以造成此程度损伤。

二是明确外力作用方式，以准确分析外力参与度。

三是全面询问病史、调查既往病史，客观检查资料，以准确把握习惯性肩关节脱位的认定。

四是严格当次损伤的法医学检验，以准确分析外力作用与被鉴定人自身情况的不同参与度。▲

司法会计助力一起民事案件抗诉成功

文 | 天津市人民检察院　姚婧婧　宫立军

一、简要案情

2016 年 4 月 21 日，周某（原告）起诉至某区人民法院，诉请：甲公司（被告）支付借款本金 5090000 元及 2014 年 4 月 14 日至 2014 年 11 月 13 日的借款利息等。某区人民法院于 2016 年 12 月 22 日作出民初 1395 号民事判决，判令甲公司向周某还款本金 5090000 元并支付自 2014 年 4 月 14 日始至付清之日止产生的相关利息等。后该判决生效。

2014 年 7 月 29 日，周某（原告）与乙公司（被告）签订借款合同，向乙公司出借资金 15500000 元，借款期限自 2014 年 7 月 30 日起至 2014 年 11 月 29 日止。2014 年 8 月 28 日乙公司与周某签订《对账确认书》，载明截至 2014 年 8 月 28 日乙公司已偿还本金 14000000 元，尚欠本金 1500000 元。乙公司到期未还本息，周某遂于 2016 年 4 月 21 日向某区人民法院提起诉讼，诉请：被告乙公司偿还 1500000 元借款本息。某区人民法院于 2016 年 11 月 30 日作出民初 1396 号民事判决，判令乙公司支付周某借款本金 1500000 元及全部利息。

聂某某（甲公司与乙公司法人）不服某区人民法院 1396 号民事判决，主张已经全部清偿本案借款本息，遂于 2017 年 3 月 20 日向第二中级人民法院提起上诉，并提交了“新的证据”，即银行转账明细，拟证明 2015 年 9 月 29 日汇款的 1020000 元和 12 月 28 日汇款的 500000 元，两笔合计 1520000 元，系偿还本案周某主张的借款本金 1500000 元及利息。二审经多次开庭审理，周某及其委托代理人均对“新证据”无法做出合理解释，在不能自圆其说的情况下，私下找到 1396 号案件一审主审法官贾某某，请托其将聂某某于 2015 年 12 月 28 日汇款的 500000 元，补正裁定到 1395 号案件中。

1395 号民事判决生效近一年后，贾某某于 2017 年 11 月 27 日私自作出“补正裁定”，将原判决“被告甲公司于本判决生效后十日内向原告周某返还借款本金 5090000 元并向原告周某支付自 2014 年 4 月 14 日始至付清之日止，以所欠借款本金 5090000 元为基数，按年利率 24% 计算的利息”补正为“被告甲公司于本判决生效后十日内向原告周某返还借款本金 5090000 元并向原告周某支付 2014 年 7 月 22 日始至付清之日止，以所欠借款本金 5090000 元为基数，按年利率 24% 计算的利息”。用以证实聂某某在 2015 年 12 月 28 日汇款的 500000 元为偿还借款本金 5090000 元在 2014 年 4 月 14 日至 2014 年 7 月 21 日期间按照年利率 36% 计算产生的利息。

后周某及其委托代理人将补正裁定作为新的证据提交至第二中级人民法院。第二中级人民法院在未进一步查明补正裁定合法性及案涉汇款 500000 元的还款性质的情况下，直接认定案涉汇款的 500000 元为 1395 号案件的还款利息，并于 2017 年 12 月 6 日作出民事判决，判决驳回聂某某上诉，维持原判。

贾某某作为 1395 号、1396 号民事判决的主审法官，未具体核实被告方的送达地址，均采取公告送达方式，缺席进行审理。1396 号民事判决生效后，聂某某及借款合同担保人易某抵押房产均被司法拍卖。聂某某及借款合同担保人易某不服 5175 号民事判决，向检察机关申请检察监督。

检察机关受理本案后，在办案过程中，为查明案涉“补正裁定”合法性、汇款 500000 元的还款性质以及在 2014 年 4 月 14 日至 2014 年 7 月 21 日产生的利息是否为 500000 元，遂向检察技术部申请司法会计鉴定，请求技术支持。

二、案件专门性问题及其解决方法

（一）案件争议焦点

聂某某主张其 2015 年 12 月 28 日汇款的 500000 元系偿还 1396 号案件借款本金。周某在 1395 号案件起诉状中，主张该 500000 元系偿还借款本金 5090000 元在 2014 年 4 月 14 日至 2014 年 11 月 13 日，按照年利率 24% 计算产生的利息。主审法官贾某某“补正裁定”认定该 500000 元系偿还借款本金 5090000 元在 2014 年 4 月 14 日至 2014 年 7 月 21 日期间，按照年利率 36% 计算产生的利息。案件争议的焦点为聂某某 2015 年 12 月 28 日汇款的 500000 元是偿还 1395 号案件的利息还是 1396 号案件的本金。

（二）司法会计开展检验鉴定

参照《中国人民银行关于人民币存贷款计结息问题的通知》，通过年利率、月利率、日利率之间的关系进行贷款利率换算，采用两种方法计算相应期间的贷款利息，出具了《司法会计检验报告》。检验结果为：贷款本金 5090000 元，年利息 36%，贷款期限自 2014 年 4 月 14 日起至 2014 年 7 月 21 日止，参照公式“利息 = 本金 × 月数 × 月利率 + 本金 × 零头天数 × 日利率”，该贷款期产生的利息金额是 493730 元；参照公式“利息 = 本金 × 实际天数 × 日利率”，该贷款期产生的利息金额是 498820 元。贷款本金 5090000 元，年利息 24%，贷款期限自 2014 年 4 月 14 日起至 2014 年 11 月 13 日止，参照公式“利息 = 本金 × 月数 × 月利率 + 本金 × 零头天数 × 日利率”，该贷款期产生的利息金额是 712600 元；参照公式“利息 = 本金 × 实

际天数 × 日利率”，该贷款期产生的利息金额是 722779.99 元。即周某主张的期间利息，参照中国人民银行贷款利率换算和两种公式计算，分别是 712600 元、722779.99 元；主审法官贾某某“补正裁定”主张的期间利息，参照中国人民银行贷款利率换算和两种公式计算，分别是 493730 元、498820 元。均不是 500000 元整。

三、案件结果

检察官依据检验报告结果认定周某及一审主审法官的主张均存在漏洞，进一步推定二审判决认定的基本事实缺乏证据证明，“补正裁定”存在违法，据此提请市人民检察院向市高级人民法院提出抗诉，市高级人民法院指定第三中级人民法院再审本案，认为原一审、二审判决认定事实不清，依法撤销原判决，并发回某区人民法院重审。经检察机关查明，聂某某已偿还借款本金 1500000 元及全部利息，不存在乙公司尚欠周某借款本金 1500000 元及利息的事实，周某在明知该欠款已清偿的情况下仍向法院提起诉讼，该诉讼为虚假诉讼，2022 年 12 月 30 日某区人民法院驳回周某起诉。《司法会计检验报告》作为提出抗诉的关键依据，有力地增强了民事检察监督的精准度和办案质效。

检察官对于一审主审法官贾某某未对该笔 500000 元还款进行实体审查，未经法定程序审批和重新开庭的情况下作出“补正裁定”的做法进行法律监督，依法对其进行询问，查明“补正裁定”内容是贾某某私自按照周某及其委托代理人的要求作出。2021 年 4 月 21 日，某区检察院就 1395 号民事案件中审判人员违法问题，向某区人民法院发出检察建议。某区人民法院于 2021 年 5 月 19 日复函，认可 1395 号案件民事“补正裁定”存在违法情形。主审法官贾某某因涉嫌枉法裁判被立案侦查。▲

检技融合，突破零口供

——北京市昌平区人民检察院检察技术辅助办理宋某、夏某等七人假冒注册商标案

文 | 北京市昌平区人民检察院　何　月　曲　磊

一、案情简介

2021 年 5 月至 2022 年 8 月，被告人宋某雇佣被告人夏某、李某某等人，未经注册商标所有人许可，以某有限公司等名义，通过对翻新品、二手品、拆机品的硬盘、服务器、内存条等产品，加贴产品标签、防伪标等方式假冒“HP”“HPE”等注册商标产品，通过阿里巴巴国际站线销往境外。2022 年 8 月 31 日，民警当场起获含有“HP”“HPE”等注册商标的硬盘、服务器、内存条以及产品标签、防伪标等物品。经鉴定，上述产品均系假冒注册商标的商品，被告人宋某、夏某非法经营额共计人民币 200 余万元，其他各被告人非法经营额 10 万至 40 万元不等。2023 年 2 月 3 日、11 月 2 日，昌平区检察院以七被告人涉嫌假冒注册商标罪向北京市昌平区人民法院提起公诉。

二、专门性问题描述

本案因涉案电子数据信息量大，上下游人员组织结构复杂、犯罪手段新，导致案件在罪名适用、人员认定、犯罪数额计算等方面存在诸多争议。尤其被告人宋某在案件侦查和审查期间，辩解公司多数产品是正品，无违法性。如何在零口供零证据条件下，技术与业务融合履职，运用数据思维对涉案的海量电子数据和交易明细，深度挖掘证据价值，巧妙地利用电子数据合法性、关联性、可靠性等审查规定，与不同种类证据各自所证明的事实之间相互印证，最终形成定案证据，是亟待解决的问题。

三、专门性问题的解决方法

（一）检技融合，突破零口供

本案办理过程中，宋某辩解公司多数产

品是正品，夏某一直辩解无违法性，其他业务人员也避重就轻。涉案电脑12部，手机20余部，多达1200多万条的微信数据，以及交易记录等，在零口供的条件下，仅凭传统人工审查将陷入数据海洋，耗时费力，效果不佳。检察技术人员辅助检察官，运用专业的取证工具，对已经鉴定20余部手机中的数据，设置关键词库检索，从海量电子数据中重点提取对账、业绩、翻新、SN、正品、二手等内容，不仅成功固定了公司的全部采购订单，锁定涉案公司除单纯贴标外，也向上游售假者提供SN并进行对标，即指使造假。据此，既明确了涉案人员的主观故意，又确定了翻新等造假模式。

（二）技术辅助审查，准确评判犯罪数额

考虑到扣押未销售货品有限，无法对应业务人员，已销售金额尚不明确，运用专业的取证工具，快速找到了网址，确认该网址为阿里巴巴国际站地址，通过宋某手机备忘录里找到网站用户名：xinghedaguan，登录后发现店铺平台信息，查看已完成订单311单，将所有的订单信息保存Word文件，并进行SHA1值校验，查看资金管理平台信息，查看资金总览金额显示为$50322.71，该栏目下的资金对账明细和外汇到账列表分别以表格形式导出，保存并进行SHA1值校验，据此核算出已销售金额和货值金额，更客观地评价犯罪金额及社会危害性。

（三）深挖翻新造假证据，积极促成认罪认罚

审查起诉阶段，宋某辩解在案查扣物品并非其所有。对此，通过讯问业务人员查扣现场情况、查阅抓捕录像，确认相关物品均系从涉案公司起获。面对夏某的自始至终不认罪以及业务人员的避重就轻，通过提取和恢复手机微信聊天记录，并结合HelloTalk、WhatsApp、Skype、Telegram、Facebook等聊天数据查找到关于产品标拼写、PN等异常错误、提示供应商数据信息、不让供应商封口、无授权贴标及讨论同行人员被抓等细节，揭示行为的异常性与违法性。结合其他证据综合认定阿里巴巴国际站线上将硬盘、内存条等电子产品销往境外，涉及翻新品、二手品、拆机品。最终，宋某、夏某等七人均自愿退缴违法所得，认罪服法。

四、判决结果及办案效果

2023年6月13日、12月21日，昌平区法院分案作出判决：以犯假冒注册商标罪判处被告人宋某有期徒刑三年三个月，罚金人民币八十万元；判处被告人夏某有期徒刑二年，罚金人民币十万元；判处其他被告人有期徒刑八个月至一年四个月不等，并处缓刑，罚金三万元至十万元不等。七被告人均未上诉，判决已生效。

该案“零口供零证据案件”通过检技融合，变为了事实清楚，证据确实充分，且犯罪嫌疑人自愿认罪认罚的精品案件。检察技术人员将小案当做“专案”来办，通过深挖电子数据，从蛛丝马迹中寻找定案依据，追加已销售金额一百余万元，同时全链条打击上游制假团伙，及时维护相关权利人的合法权益。力求通过一个案件摧毁一条犯罪产业链，有力打击和震慑侵权假冒的违法犯罪行为。▲

现场勘验嵌入式支持军地消防安全保护

文 | 四川省成都市金牛区人民检察院　原　野　原九喜
四川省成都市人民检察院　黄　睿

在涉军地消防安全公益诉讼检察案件中，检察技术人员坚持系统观念，运用无人机勘验检查、三维全景等技术手段，发现案件线索，嵌入式支持线索初核、调查取证、借力外脑、检察建议、司法修复等工作，精准还原损害事实、明确细化损害责任，有效消除了军地消防隐患，以检察技术对公益诉讼检察办案的全方位、多维度、全流程的支撑，凸显了新时代检察技术对公益诉讼检察保障的职能作用。

一、基本案情

2023年6月，成都市金牛区人民检察院在进行扬尘污染案件"回头看"时，检察技术部门协同公益诉讼检察部门，经科学制定飞行计划、按程序沟通报备后，使用无人机飞行查看一处违法堆放建筑垃圾点位的整改情况，发现附近有一处临时停车场紧邻军事基地与储油设施，停车场内停放多辆大型油罐车，具有较大安全隐患，遂主动反馈公益诉讼检察官。公益诉讼检察官委托检察技术部门提供技术协助。

二、检察技术工作

（一）技术依法履职，及时反馈问题线索

检察技术人员在受托辅助开展扬尘污染案件"回头看"时，通过无人机实时回传图像，发现辖区范围内某停车场内停放了许多运输危化品的油罐车，从航拍反馈情况来看，该停车场距离某石油公司和某部队营区较近，安全隐患较大。检察技术人员当即对相关情况作了记录，在完成"回头看"技术协助后，向检察官反馈了公益损害问题线索。检察官随即委托继续提供技术协助。

（二）融合协作取证，精准还原损害事实

为全方位准确摸清公益损害情况，技术团队与公益诉讼检察官会商制定了协作方案，将取证重点放在确定停车场地理方位、油罐车数量、停车场面积及停车场经营情况等内容上，由公益诉讼检察官通过现场走访、询问停车场管理人员等方式进行现场调查并制作笔录；技术团队按照飞行计划，开展无人机航拍取证。为有效提升证据固定的精准性，检察技术人员在无人机飞行过程中启用了三维全景功能，通过获取超高分辨率数字影像和高精度定位数据，借助3D建模软件制作三维正射影像图、三维地表模型等可视化图形，准确锁定了全貌信息。经测绘，该停车场面积约864平方米，距离中国石油某分公司仅400米，距离某部队营区不足100米，违规停放了运输柴油、汽油等大型危化品油罐车12辆，车辆密度较大，车身均醒目标示有“严禁烟火”“易燃液体”“危险品”等字样，初步计算存储燃油量最大可达350立方米，现场无任何安全防范措施，同时还存在使用燃气生火做饭等重大安全隐患。

（三）由点到面延伸，推动开展军地协作

当日调查取证后，公益诉讼检察官与检察技术人员对周边开展了进一步巡访，发现该区域处于城乡结合部，附近散在分布农户住房、耕地、荒地、铁路线路等，用地情况比较复杂，经分析认为可能还存有类似的停车场，遂决定扩大范围跟进调查。检察技术人员运用无人机航线规划功能，通过等高度、等距离拍摄正射影像图片组，并进行二维模型重建，发现军事基地、中国石油某分公司周边400米范围内还有类似停车场1个，停放车辆30余辆，其中运输柴油、汽油等大型危化品车辆21辆。经进一步调查发现，相关停车场均系无专业设施、无专管人员、无资质许可的“三无”停车场，长期存在危化品车辆和客货运车辆混停、油罐车辆整修等情形，既存在极大安全生产隐患，也对军事设施构成了严重威胁。基于前期取证情况，金牛区人民检察院主动对接了成都军事检察院，共同走访涉案停车场附近部队营区、属地街道及金牛区住房建设和交通运输局，询问监管履职情况，对相关公益损害事实、问题根源从多维度进行了复盘锁定。

（四）借力技术外脑，助力制发检察建议

为科学开展公益损害论证，检察技术人员通过全面梳理损害事实、把准案件焦点，主动联系了“有专门知识的人”成员、金牛区应急管理局专家，结合前期无人机现勘及建模软件得出的数据，有针对性地对危化品运输车辆停放临时停车场的危害、对周边及军事设施构成威胁的严重程度、损害责任等内容进行了专门论证，形成专家意见。此后，金牛区人民检察院联合成都军事检察院向金牛区住房建设和交通运输局制发了检察建议，督促积极履行监管职责，金牛区住房建设和交通运输局予以回复。2024年1月，检察技术人员配合公益诉讼检察官，与成都军事检察院、金牛区消防救援大队、属地街道和部队工作人员再次开展全面“回头看”，相关停车场已无营运性质危化品运输车辆停放，涉案部队营区和辖区重点场所周边已开展多轮集中清理行动，存在的易燃易爆安全风险得到有效消除。

三、启示和意义

（一）公益诉讼检察调查取证要充分发挥技术依法履职、发现损害线索的作用

检察技术人员协助开展公益诉讼调查取

证过程中，要杜绝“就案办案”的简单思维，运用现代化信息技术手段，统筹推动案件协助和线索发现工作。可以采取“一体办案”“提前介入”“常规巡航检查”等方式，不断增强公益诉讼检察发现线索、转化成案的能力，为检察官办案提供全方位、多维度的技术支持，实现良好的法律效果和社会效果。

（二）检察技术办案要树立“系统思维”，由点到面发挥全流程嵌入式支撑作用

检察技术办案应当全流程嵌入公益诉讼案件线索发现、线索初核、立案调查、检察建议、司法修复等各环节，坚持“全面系统、客观公正、高效简便、有效引导”原则，运用专业知识，对个案办理向类案监督延伸提出合理有据的调查建议，发挥检察技术赋能公益诉讼办案的科技作用，打好维护公益的组合拳，助推公益诉讼案件办理取得成效。

（三）借力技术外脑要发挥检察技术人员的桥梁纽带作用

指派、聘请有专门知识的人协助办案，将专业技术外脑顺势导入业务办案，能够弥补检察技术在专门知识方面的短板，是新时代促进检察队伍专业化建设和落实科技强检战略的重要路径。在借力技术外脑的过程中，检察技术部门要发挥好桥梁纽带作用，不能“一问了之”，应当通过梳理案情、明确疑问焦点、与专家开展联合研讨等方式，以案代训补短板，助力检察办案提质增效。▲

心理测试技术在一起“盲井”故意杀人案中的应用

文｜河南省获嘉县人民检察院　牛卫军
河南省新乡市辉县市人民检察院　乔武军
河南省新乡市牧野区人民检察院　郝晋国

一、基本案情和侦办过程

2015年5月中旬，犯罪嫌疑人李某飞作为打工者在某市中央公园房地产工程工地打工，其间预谋制造工程事故获取巨额赔偿。他在工地附近物色一男性流浪汉（老年男性），以招工为名骗至工地，并通过办假证者为受害人（流浪汉）办理虚假身份证及证明自己和该男子是父子关系的假户口本，在办证过程中有共同犯罪嫌疑人张某英。之后，李某飞通过在工地承包活的占某刚（另案处理）将流浪男子带至中央公园工地上班。2015年5月某日下午，李某飞趁工地下班之机，在施工过程中，故意放置有问题的方木于工地某栋24楼楼外的脚手架上，诱导流浪男子踩踏致使该受害人从高空坠落，经抢救无效死亡，伪造工程事故。受害人死亡后，犯罪嫌疑人李某飞以死亡男子儿子的身份向建筑有限公司索要钱财，在占某刚等人撮合下，施工方决定支付李某飞34万余元。事后，在处理尸体过程中，偶然间被人发现，公安民警排查到二人有重大犯罪嫌疑，相关技术手段指向李某飞虚构身份关系，有诈骗嫌疑，但对案件实施细节情况无法直接查清，在案件诉讼期间委托检察机关进行心理测试。

警方通过走访、排查及询（讯）问相关人员后，通过发现的尸体和法医学检验，排除二人存在血缘关系，对共同犯罪张某英讯问取得突破，知道伪造亲属之过程，然而移送起诉证据不翔实，影响办案进程。在诉讼时效不足的情况下，办案人员及时委托心理测试，心理测试介入后，通过心测＋审讯，成功查明案件事实，取得重大突破。

二、心理测试技术应用

（一）测试过程

测试时间：2018年12月21日，测试地点：新乡市公安局某分局办案工作区。测试仪器：PG-16型心测仪。测试方法：根据委托人提供的相关信息，结合测前谈话，按照心理测试规律，并根据实际情况采用STIM GKT、CQT、POT、MGQT等测试方法。被测人李某飞配合良好，否认以前做过心理测试。

测试题目围绕案件核心情节（人、事、物、时、空）进行编排：（1）李某飞是否还干过类似案件。（2）占某刚是否勾了一下流浪汉。（3）李某飞是如何喂流浪汉吃药的。（4）是什么时间提出找流浪汉制造事故的。（5）是谁第一次去三附院买的药。（6）是谁提出来让流浪汉出事故：李某飞还是占某刚。（7）是谁先找到流浪汉的：李某飞还是占某刚。（8）流浪汉是不是李某飞推下去的。（9）流浪汉是不是被占某刚勾下去才死亡的。（10）是谁找的那块制造事故的方木。（11）占某刚让李某飞回新乡的电话打的是不是李某飞父亲的手机。（12）商没商量过赔偿款的分成。

（二）测试说明

该案为起诉部门员额检察官提请委托，心理测试技术人员利用检察心理测试技术平台进行案前讨论，精心设计相关问题，对该命案制定较详细的方案，分为三个环节：案前编题、案中双人测试（主测和副测）、案后突审（侦测合一）。共对李某飞使用了17组题目进行测试，STIM测试：成功测出李某飞书写的“7”；GKT测试：测试共五题（第一题作为克服紧张使用，不作为评分依据）；在相关问题上有以下问题对应上与案件调查情况相一致，“是谁把流浪汉从21楼勾下来，你还记得吗？”“是你把药碾碎放到瓶子里让他喝下去的吗？”“占某刚勾了那个

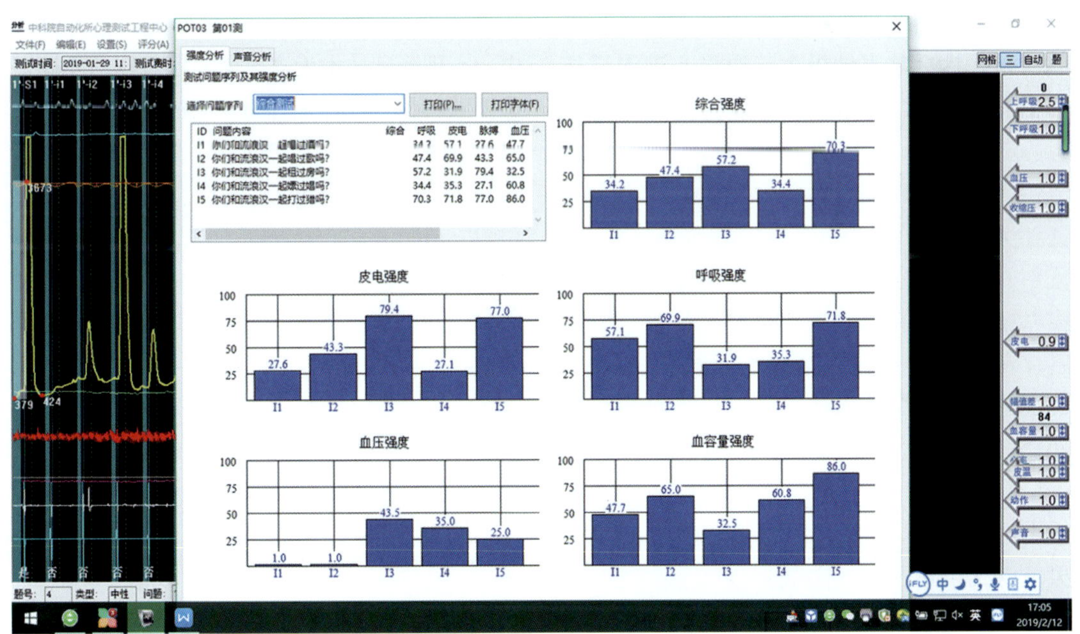

>> 图1　被测人李某飞在相关问题上的对应图谱

人一下”“第一次谁去三附院买安眠药你还记得吗?”“是谁提出来让傻子出事故的，还记得吗?”“是谁先发现了第一个傻子的还记得吗?”“那天，那个人是怎么掉下的，你还记得吗?”“那个流浪汉是怎么死的还记得吗?”“那个方木是谁找的，还记得吗?”“你们之前商量过事成后赃款咋分配了吗?”测试后，办案人员与心测人员结合对被测人进行了讯问，李某飞对案件事实予以供认，案件得以查实。李某飞在相关问题上的对应图谱如图1所示。

三、案例评析

该案由侦查人员和公诉人员联合提出心理测试委托，办案检察官总结该案为“都市盲井案”。案件办理的政治效果、法律效果、社会效果十分突出，充分体现以科技手段实现司法公平正义效果。

经查实，李某飞发现有类似工人因事故死亡获巨额赔偿事件，并心生歹意，进行提前谋划，社会危害性极大。通过心理测试技术手段查明了案件事实，彰显公平正义。

通过心理测试技术对案件证据的关联性进行清晰地分析，形成较完整的证据链条。如经测试发现共犯占某刚购买安眠药的事实，发现将受害人放于共同出租屋的事实，发现李某飞为获取巨额赔偿让其母亲虚构与受害人为夫妻的事实，发现李某飞与占某刚共犯的事实，发现二人共同处理尸体的事实等，充分发挥了心理测试的证据调查作用。

心理测试办案组实现人员的最佳组合。心理测试技术在该案中实现与侦查人员、检察人员协同办案的深度融合，只有在吃透案情的基础上详细编题才能把案件办扎实。

李某飞与占某刚合谋，制造假的意外事故，以骗取赔偿款为目的，主观恶性极大。李某飞于2021年10月，以故意杀人罪，经最高人民法院核准执行死刑；占某刚以共同犯罪，以故意杀人罪共犯被判处无期徒刑；李某飞之母张某，以非法占有财物为目的，虚构隐瞒真相，骗取他人财物，构成诈骗罪，被判处有期徒刑二年六个月。该案侦查、起诉过程中，心理测试技术为支撑命案攻坚行动发挥了重要的科技支撑作用。▲

饶阳县院使用技术性证据审查厘清致伤方式还原事实真相

文 | 河北省饶阳县人民检察院　张敬雅　吴　桐

一、基本案情

2023 年 10 月 4 日 8 点多，在饶阳县王同岳镇北京堂村东北角，王某见、王某芝与王某地，因过路发生纠纷，双方互相辱骂，王某见使用镰刀向位于铲车上的王某地挥舞，王某地使用铁链向王某芝与王某见挥舞，王某芝头部受伤（受伤原因不明），被周围工人劝架分开；王某兰听到争吵声后赶到案发地，同王某地一方，与王某芝、王某见一方相互辱骂并用玉米投掷对方，后犯罪嫌疑人王某召参与到王某兰、王某地一方与王某芝、王某见一方相互辱骂并发生肢体冲突。其间，犯罪嫌疑人王某召用铁锨拍打、用双手推搡王某芝，王某兰将王某芝压在玉米堆上，互相殴打。

衡水市司法鉴定中心鉴定，被害人受伤程度为轻伤一级。经北京某司法鉴定所鉴定，被害人肋骨骨折伤情符合钝性外力作用致使胸廓挤压变形所致。以上事实有犯罪嫌疑人供述、证人证言、鉴定意见、监控视频等证据相互印证。

该案由饶阳县公安局于 2023 年 12 月 3 日以王某召涉嫌故意伤害罪向饶阳县人民检察院提请批准逮捕。

二、案件疑点、难点

肋骨骨折是故意伤害案件中较为常见的损伤，同时也是案件定性争议的焦点。确立肋骨骨折的成因是案件审查中的关键点，也是难点。本案中的被害人肋骨骨折受伤程度为轻伤一级，该伤情与犯罪嫌疑人行为之间是否有因果关系？若没有，该伤情应由谁来负责？本案中证据多为言词证据且不能相互印证，而本案的关键证据案发现场的一段视频监控像素模糊，现场混乱，难以看清案发时被害人、犯罪嫌疑人的位置。

三、检察机关履职情况

饶阳县人民检察院受理本案后，案件承办人认真审查案件材料，发现本案中犯罪嫌疑人供述、被害人陈述、证人证言等言词证据不能相互印证，犯罪嫌疑人拒不认罪，而本案的关键证据案发现场的一段视频监控像素模糊，尤其是关于被害人摔倒时犯罪嫌疑人处于何种位置，现场是否有其他人伤害到被害人等关键画面均无法看清楚，承办检察官发现后及时与河北省人民检察院技术部门沟通交流，并前往省检察院技术部门，请求提高监控视频像素，通过技术手段在监控视频中可以看到犯罪嫌疑人王某召用铁锨拍打，用双手推搡被害人，王某兰将被害人压在玉米堆上，互相殴打的事实。

除此之外，承办案件检察官根据鉴定意见看出被害人肋骨骨折伤情符合钝性外力作用致使胸廓挤压变形，但是承办人对犯罪嫌疑人用铁锨拍打、用双手推搡被害人的行为是否可以造成该伤情发出疑问，为了保证案件准确定性，且消除案件承办人员的疑惑，经检察长批准，案件承办人与公安机关办案人员一同前往河北医科大学司法鉴定中心向法医学专家请教。法医学专家详细听取了案情介绍、技术性证据审查需求及各承办人意见，认真研究了鉴定意见，并就专业问题形成一致意见：被害人左胸2—5前肋部分骨折的特点为内外板骨折，断端向胸内凹陷，符合受直接钝性外力作用所致；左胸2—4侧肋骨折部位的特点为外板骨折为主，符合胸部相对固定的情况下，左胸受前后向挤压，胸部肋骨弯曲变形所致的间接性肋骨骨折；左肩背部软组织损伤，符合接触面较大的钝性致伤物作用所致，结合现场视频资料，受该次外力作用时，胸部未处于相对固定或左胸未撞击到其他物体，该外力不足以致左胸部肋骨骨折。本案犯罪嫌疑人使用铁锨拍打、用双手推搡被害人，并不能造成其肋骨骨折。最终，承办检察官结合专家意见、现场监控视频与其他证据形成了完整闭环证据链，确证了被害人肋骨骨折非犯罪嫌疑人造成，系犯罪嫌疑人妻子造成，但根据现场监控视频可以看出其妻子将案发时使用的铁锨主动交给犯罪嫌疑人，二人有共同伤害的故意，故饶阳县人民检察院以犯罪嫌疑人王某召涉嫌故意伤害罪依法批准逮捕。

四、典型意义

充分发挥有专门知识的人的作用，严格把握办案质量。专门知识有助于办案人员理解证据或者确定争议事实，但常常独立于法律知识而存在，超出检察官的认知能力，且鉴定意见具有专门知识性，对其审查判断往往要依赖于鉴定人和有专门知识的人同行复核甚至质疑。本案中，有专门知识的人协助补充侦查及重新鉴定，被害人受伤的真相逐渐浮出水面，通过寻找技术人员恢复监控录像像素、专家讨论等方式对本案案发现场、被害人受伤原因充分论证，为案件办理起到关键性的作用。▲

泰州市高港区院电子取证协助打击利用网络游戏“隔空猥亵”犯罪

文｜江苏省泰州市高港区人民检察院　汪　进

一、基本案情

2024 年 3 月，被告人孙某豪为满足其个人私欲，通过“蛋仔派对”休闲竞技手游平台与多名儿童（幼女）接触，后以赠送游戏装备及微信红包为由，引诱上述儿童进行色情聊天、拍摄裸照及私密部位视频供其观看，孙某豪还将其中部分照片或视频发送给他人。2024 年 4 月 17 日，被害儿童吉某母亲至高港区公安分局报警。2024 年 4 月 20 日，公安民警在上海将孙某豪抓获归案。

二、案件中的专门性问题

案发后，根据侦查监督与协作机制，该院检察官主动介入侦查，引导取证。该院技术人员协助检察官，与侦查人员共同勘验手机，共提取了 5 部手机中约 500GB 案件数据，并通过“美亚柏科”手机大师等手机取证分析系统，对海量数据进行分析研判，抓取办案所需要的电子数据。

一是需要分析抓取被告人孙某豪诱骗被害儿童吉某色情聊天、拍摄裸照及私密部位视频等色情变态行为的犯罪证据。

二是需要查清电子数据中隐藏的被害儿童的人数，并抓取相关犯罪的电子数据。

三是需要分析抓取被告人孙某豪有无实施将被害儿童裸照及私密部位视频发送给他人等其他犯罪事实。

三、检察技术解决专门性问题

一是对被告人孙某豪及被害儿童吉某的手机电子数据进行提取，证实孙某豪与被害儿童吉某聊天及诱骗拍摄裸照及私密部位视频的情况。

二是根据被告人孙某豪使用网络游戏

“蛋仔派对”主动搭讪并“隔空猥亵”幼女犯罪手段、行为特征，对被告人孙某豪注册和使用的所有网络账号逐一研判，通过敏感关键词频、好友人物关联筛查网络账号及聊天记录，发现还有7名疑似被害儿童，分别居住在江苏徐州、浙江、上海、山东、广东等5省（市）。技术人员调取的电子数据与本案书证、被害儿童陈述、被告人供述等证据相互印证，形成证据锁链，得出唯一的排他性结论：被告人孙某豪明知8名被害儿童系未满十四周岁的儿童而采取互联网“隔空猥亵”的方式实施猥亵的犯罪事实。

三是技术人员对被告人孙某豪手机电子数据进行分析研判时发现，孙某豪还存在向他人发送被害儿童裸照及私密部位视频的情况。根据检察官指示，对相关数据进行抓取，发现孙某豪除了与网友交换、分享外，还存在向网友出售被害儿童裸照及私密部位视频，涉嫌传播淫秽物品（牟利）罪。检察官经审查认为，被告人孙某豪除了实施“隔空猥亵”女童行为外，还将被害儿童裸照及私密部位视频发送给网友，对被害儿童身份泄露造成风险，应当认定为情节恶劣，依法从重处罚，后法院判决采纳检察机关公诉意见。同时，该院还将被告人孙某豪涉嫌传播淫秽物品（牟利）罪的犯罪线索移交公安机关另行立案侦查。

四、办案成效

2024年7月，该院依法将该案以猥亵儿童罪提起公诉，一审法院判处被告人孙某豪猥亵儿童罪，有期徒刑七年。同时，检察机关还根据本案犯罪情形积极履行检察职能。

一是制发建议压实教育部门预防责任。该院针对办案中发现的幼女自我保护意识不强、性教育不足等问题，向该区教育局制发诉前检察建议，督促加大中小学生性教育工作力度，提高中小学生防范性侵害、性骚扰等自我保护意识和能力。推动该区教育局在全区29所中小学校，召开“青春不懵懂”主题班会、“阳光健康、靓丽青春”心理专家辅导会等专项法治教育和关爱活动40余场次；利用“开学法治第一课”“暑期安全巡讲”等形式，在全区中小学校开展《“隔空猥亵”的防范与应对》法治宣讲33场次。

二是督促监管堵塞家庭监护漏洞。针对被害儿童家庭疏于对子女网络行为监管，督促监护人正确履行家庭监管职责，该院向8名被害儿童的监护人制发了《监督监护令》和《网络安全家庭教育提醒书》，督促监护人密切关注、监管子女的网络行为。该院还会同区妇联等部门建立《关于全面开展涉未成年人案件家庭教育指导工作的实施意见》，将网络安全保护纳入家庭教育指导课程，源头预防和减少未成年人遭受网络犯罪侵害。

三是数字赋能强化网络空间治理。该院技术人员积极参与泰州市检察机关研发网络猥亵电子数据筛查数字模型，力争实现电子数据犯罪线索快速筛查。依托泰州检察新媒体矩阵，参与制作全省首个普法剧本杀《光与暗的路口》，赋予未成年人“沉浸式”的法治体验。

五、典型意义

利用网络游戏实施互联网“隔空猥亵”犯罪对检察官办案带来新的挑战，检察官与技术人员组成专业化办案团队，运用高科技电子取证技术对手机进行勘验，对手机数据进行词频、人物关联分析研判，为检察官全面查清犯罪事实、精准量刑、发现其他犯罪线索提供关键证据。研发网络猥亵犯罪线索大数据监督模型，助力提升检察办案效能。▲

技术性证据审查及签名字迹检验案例的鉴定与思考

——吴某与胡某西、叶某燕民间借贷纠纷再审案

文 | 浙江省温州市龙湾区人民检察院 王秀华

一、基本案情

2016年2月16日，Y县人民法院对吴某诉胡某西、叶某燕民间借贷纠纷一案作出民事判决。该院 审查明，2016年1月5日，胡某西、叶某燕对欠吴某的款项进行结算，确认尚欠吴某160000元，并出具借款借据。借款借据未载明还款期限及利率。胡某西、叶某燕分别在借款人处签名确认。另外，庭审中原告明确借款借据所载款项中127000元系吴某享有的债务，另33000元系吴某儿子享有。胡某西作为债务人，依法应承担清偿债务的责任。叶某燕自愿为该债务承担连带保证责任，依法应负连带清偿责任。其间，两被告均未出庭参加诉讼。故判决：胡某西偿还借款本金127000元并赔偿吴某利息损失，利息损失自2016年1月11日起按年利率6%计算至债务履行完毕之日止；叶某燕对上述款项承担连带清偿责任。2016年3月14日，该民事判决生效。

2022年7月26日，胡某西不服 审判决，向Y县人民法院申请再审，其称一审判决认定事实的主要证据即借款借据是伪造的，请求撤销一审民事判决书。

2023年3月30日Y县人民法院作出民事裁定书，裁定驳回胡某西的再审申请。

4月13日，胡某西向Y县人民检察院申请民事监督，称其本人及其妻子对落款时间为“2016年1月5日”签订的借款借据中内容并不知情。Y县人民检察院根据案件办理需要，依法委托市院司法鉴定中心对落款日期为“2016年1月5日借款借据中借款人处‘胡某西’”的签名字迹同一性进行司法鉴定。

二、技术辅助情况与民事监督效果

（一）全面审查材料，开展技术性证据审查

在受理鉴定申请后，技术人员全面审查案卷材料，发现 2022 年 7 月 26 日胡某西向 Y 县人民法院申请再审时，曾提供了一份安徽某司法鉴定中心出具的司法鉴定意见书，该鉴定意见显示，涉案的借款借据上“胡某西”的笔迹并非胡某西本人所写。但是该份鉴定意见的主要依据是涉案借款借据的复印件而非原件。在检材并非原件的情况下，鉴定机构能否出具科学合理的鉴定意见？鉴定意见能否直接作为证据使用？带着这些疑虑，办案检察官委托市院司法鉴定中心对该份鉴定意见进行技术性证据审查。

经过审查发现，该份鉴定意见鉴定的检材来源不明且是复制件，反映的字迹内容客观真实性存疑；提供鉴定的样本不足以充分反映书写人特征，因此不能保证鉴定意见不存在失真的可能，故对安徽某司法鉴定中心出具否定同一的鉴定意见存疑。针对案件的具体情况，建议全面收集样本，对涉案借据上的笔迹进行鉴定。

（二）制定样本收集方案，开展重新鉴定

为查明案件事实，协助开展精准监督，提高样本材料收集的准确性、可靠性和取样效率，检察技术人员根据专业办案经验协助检察官确定了样本材料调取方案，由办案检察官到法院、银行、医院等单位调取了胡某西、叶某燕在 2014 年至 2018 年签署过的笔迹样本原件共计 30 余份，极大地补充了案前样本，为开展重新鉴定打下了良好的基础。

在此基础上，鉴定人员使用中华人民共和国国家标准《文件鉴定通用规范》（GB/T 37234—2018）、《笔迹鉴定技术规范》（GB/T 37239—2018）。并使用蔡司立体显微镜、文检工作站及 Photoshop CS5（版本：V12.0.1）图像处理软件作检验。

1. 检材字迹分析：检材字迹的墨迹分布较均匀，色泽较黑，笔画粗细基本一致，笔画边缘无扩散、污染、褪色现象。在 E–10 蔡司立体显微镜下观察，可见检材字迹个别笔痕中有露白、签名字迹纸张背面有墨迹渗透现象，可识别运笔动作的先后顺序；在 E–06 文件检验系统侧光下观察可见，检材字迹在纸张表面形成的字迹凸起笔痕特征；检材字迹系黑色墨迹签字笔书写形成。

检材字迹系横式书写的签名字迹，书写水平中等，书写控制能力中等，书写速度较慢，书写力度较大，笔画间的连接方式及照应关系等方面基本协调。检材字迹书写较自然，运笔动作较流利，字迹笔画清晰，特征反映明显，具备鉴定条件。

2. 样本字迹分析：样本字迹为横式书写的签名字迹，书写水平中等，书写控制能力中等，书写速度较快，书写力度中等，字迹笔画间的连接方式及照应关系等特征反映出同一人的书写习惯。样本字迹书写自然，运笔动作流畅，字迹笔画清晰，特征相对稳定，具备比对条件。

3. 检材和样本字迹的综合评断：将检材、样本字迹导入 Photoshop CS5 图像处理软件放大进行比对分析，可见检材字迹与样本字迹中“胡某西”字迹的书写风貌、布局、形体、字间排列组合关系及结构特征中单字的整体结构，“胡”“叶”等字迹的写法等一般特征相似。但检材与样本字迹中“胡”“叶”的起收笔动作形态及笔画搭配比例；“西”等的连笔写法及笔画形态、搭配等细节特征存在明显差异（特征比对表见图 1）。

经综合分析和评断，检材字迹与样本字

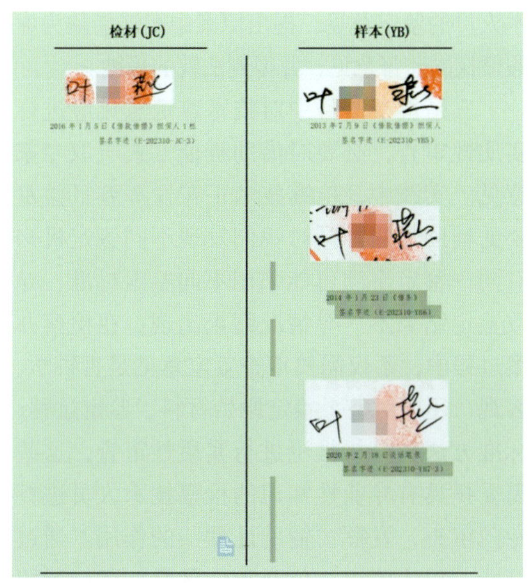

>> 图 1 特征比对

迹差异特征的总体价值充分反映出不同人的书写习惯，属本质性差异；二者字迹未见本质性的符合，其符合或相似的特征均能够得到合理的解释。故送检的检材中“胡某西”“叶某燕”签名字迹与胡某西样本签名字迹不是同一人书写。

（三）组织公开听证，提出再审检察建议

根据技术部门出具的鉴定意见，办案检察官重新对胡某西、吴某进行了谈话，详细了解涉案借款借据的由来。为了增强监督的精准性和办案质效，办案检察官组织该案进行公开听证，并邀请了特邀检察官助理、人民监督员、政协委员、律师等人员参与听证。听证人员在充分听取了案件情况、当事人陈述和意见，了解到本案的借款借据系伪造文书后，均表示同意检察机关提出监督。2023 年 7 月 6 日，办案检察官向 Y 县人民法院提出再审检察建议。10 月 18 日，在法院再审审理过程中，双方当事人自愿达成调解协议：（1）原审被告胡某西自愿于三日内支付原审原告吴某借款本金 80000 元及利息损失；（2）原审原告吴某自愿放弃其他诉讼请求；（3）由原审原告吴某负担本案费用。

三、典型意义

本案是检察技术人员通过开展技术性证据审查，全面审查案件事实，科学评估再审期间申请人提供的鉴定意见存在问题后进行重新鉴定，进而实现精准监督的案例。

一是发现鉴定意见所依据的检材来源不明、样本不足的，可不予采信。在技术性证据审查过程中，检察技术人员依据原鉴定意见存在检材来源不明且是复制件、样本不足等问题，认定原鉴定意见存疑，并建议办案检察官重新鉴定。在决定重新鉴定后，检察技术人员制定了收集样本方案，由办案检察官到法院、银行等单位提取并固定材料，获取具备鉴定价值的丰富样本，为重新鉴定得

出更为科学、合理的意见打下了良好的基础。案件审查过程中，检察技术鉴定人员与办案检察官及时沟通、分工协作，发挥各自的专业优势，查明案件事实，最终识破了他人的虚假诉讼行为，协助精准开展民事诉讼监督，维护当事人合法权益。

二是深入案情，揭秘真相。正如最高检技术处处长刘烁的经验分享："如果单看借(收)条的落款签字，其符合当事人的书写习惯。但结合全案情况来看，当事人双方为熟人，且之前又存在多次的经济往来，曾书写过多份借(收)条，存在着在真实材料上变（伪）造的可能。"为此，检察技术人员将法院提取的多份没有争议的借(收)条作为样本，结合实验样本，从文字内容、布局特征入手，与案涉证据进行一一比对检验。最终，检察官根据检察技术人员的鉴定意见，提出原案中案涉借款为虚假债权的监督意见，并得到法院的采纳。

三是检察监督中对技术鉴定意见应进行实质性审查，必要时借助听证方式听取专家意见。实践中，检察技术正在发挥着日益重要的辅助作用，同时我们发现不同鉴定机构对同一鉴定事项可能采用不同鉴定标准，导致鉴定结果不一等情况频繁出现。在检察办案过程中，不仅需要审查鉴定意见是否科学、客观，还要对整个鉴定原始材料、鉴定过程、标准方法和分析推论进行实质性审查，这些需委托具有专业性知识的检察技术人员进行专门审查，发挥"辅助证据"的作用。通过打造"司法鉴定＋公开听证"叠加赋能履职的办案模式，充分发挥新时代检察技术赋能民事检察监督提质增效的作用。▲

苏某某开设赌场案笔迹检验鉴定案

文 | 浙江省温州市龙湾区人民检察院　　王秀华　邵　佳

一、基本案情

2018 年至 2020 年 8 月，“某诚国际”倒款团伙在澳门赌场以开设赌博账户用于“出码”“洗码”的方式向需要赌资的中国公民提供资金担保服务，并通过赌客赌博抽水、赌场入股分红、赌场“洗码”返水等方式获利。以犯罪嫌疑人周某、苏某为首，下有管理、财务、驾驶员、会计组、行动组等分工。2019 年 1 月至 2020 年 8 月犯罪嫌疑人苏某某受雇于“某诚国际”，任会计组经理，负责会计组日常运转及对接周某。经查明，在其任职期间，“某诚国际”出借赌资达 7976 余万元。2022 年 9 月 20 日，犯罪嫌疑人苏某某经电话通知后到案，否认在公司担任会计组管理的犯罪事实，称其没有参与。

案件侦查期间，公安人员在其同案犯处查获扣押笔记本若干，其中一本姓名栏书写“苏某某”。该笔记本中记载有“某诚国际”会议内容。其中明确了 2019 年 1 月 24 日至 10 月 14 日 18 次会议记录，内容涉及“出码”“洗码”注意事项、人员管理培训、租房交房租等。苏某某辩称该笔记本第 1　21 页系其在北京工作记录笔记，第 22—48 页是其笔记本丢失后他人记录（笔记本部分内容见图 1）。

为查明事实真相，L 区院刑事检察部门与技术部门沟通后，将涉案笔记本提交市院司法鉴定中心进行检验，要求鉴定涉案笔记本上可疑字迹是否为苏某某本人所写。

二、案件中的专门性问题

难点：该笔迹鉴定案件中，送检检材是笔记本，内容字迹数量近万字。犯罪嫌疑人拒绝提供实验样本，没有其他案前样本，这给推

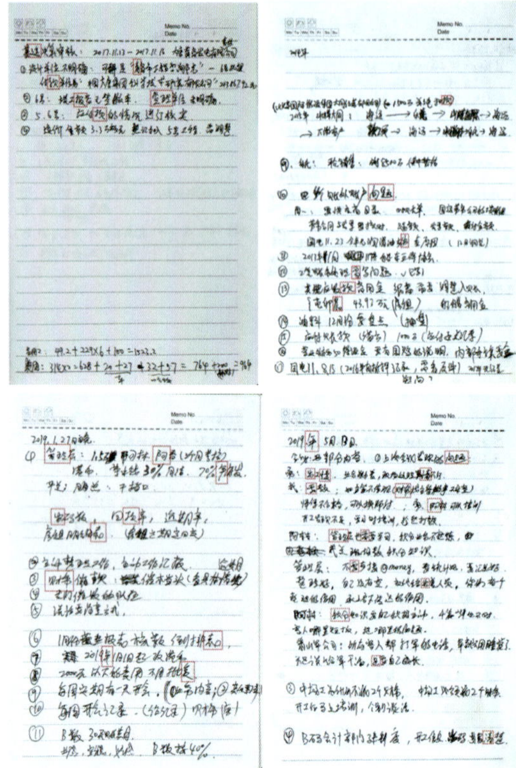

>> 图1 笔记本部分内容

进案件办理造成一定的阻碍。在侦查期间公安技术人员依据没有鉴定条件未受理此案。

思路：经鉴定人员细致深入地分析，发现笔记本第1—21页与第22—48页这两部分字迹数量充分，相同字出现次数较多。经与办案检察官沟通确认，并经嫌疑人质证，遂将前述两部分分别作为样本字迹、检材字迹，转变思路，就案取材，解决样本问题。这是此案技术突破点。

三、检验过程

（一）检材字迹分析

受理该案件后，通过认真审阅送检的相关材料，全面分析检材字迹，使用中华人民共和国国家标准《文件鉴定通用规范》（GB/T 37234—2018）、《笔迹鉴定技术规范》（GB/T 37239—2018）。并使用蔡司立体显微镜、文检工作站及Photoshop cs5（版本：V12.0.1）图像处理软件作检验。

在本案中，检材涉及5天的会议记录，首先需要对相关内容字迹进行同一性分析。

从外观看，除字迹中标注日期“2019.8.26”记录内容由浅黑色圆珠笔书写形成，其余字迹均由黑色墨水笔书写形成，书写较自然，运笔动作较流利，字迹笔画清晰，经观察未检出伪装或摹仿书写痕迹，应为正常书写形成，特征反映明显，具备鉴定条件。

从局部单字看，检材字迹相互间比对检验发现，各检材字迹文字布局特征相一致，相同单字的字形、字体、书写水平、书写风格等相符，在相同单字的细节特征如：写法特征、笔顺特征、起收笔特征、连笔特征、运笔特征、搭配特征以及笔力特征等均相符合。各检材相同单字间符合点数量多，质量高，特征稳定，其特征总和充分地反映了同一书写人的固有书写习惯，构成了同一认定的依据。

（二）样本提取分析

样本字迹书写自然，书写水平中等，书写控制能力中等，书写速度较快，书写力度中等，字迹笔画间的连接方式及照应关系等特征反映出同一人的书写习惯，具备比对条件。将样本中与检材字相同或部首相同的字进行逐字提取归类，观其字迹，具有一定稳定性和反映性，具备比对条件。

（三）检材和样本字迹的综合评断

一般特征：将检材、样本字迹导入Photoshop CS5图像处理软件放大进行比对分析，可见检材字迹与样本字迹中字迹的书写风貌、布局、形体、字间排列组合关系及结构特征等一般特征相符。

细节特征：检材与样本字迹中单字的整体结构、细节特征如在字迹的笔顺、收笔动作形态及笔画搭配比例、字迹的写法、连笔绕转收笔动作方向及笔画结构形态等方面表现均相符合（特征比对表见图 2）。

经综合分析和评断，检材字迹与样本字迹的一般特征及细节特征符合点数量多，质量高，表现稳定，属本质性符合。二者字迹未见本质性的差异，其差异或变化的特征均能够得到合理的解释。其特征总和充分地反映了同一书写人的固有书写习惯，构成了同一认定的依据，送检的检材字迹与样本字迹是同一人书写，并出具了笔迹鉴定检验文书。

四、判决情况及办案成效

此案鉴定人员通过克服样本的局限，转变思路，突破困局，有效利用检材，在海量字提取迹中开展技术检验，使该案直接反映犯罪嫌疑人参与犯罪的客观性证据发挥了关键作用。2023 年 3 月 22 日，L 区人民检察院以苏某某涉嫌丌设赌场罪（数额巨大）向L 区人民法院提起公诉。在法院开庭审理中，经出示鉴定意见，犯罪嫌疑人苏某某放弃狡辩，当庭且首次承认所有犯罪事实，并认罪认罚。最终，综合全案所有证据，法院判决苏某某犯开设赌场罪，判处有期徒刑二年四个月，并处罚金五万元。

五、思考

从海量字迹中去寻找书写风貌、布局、写法、形态、结构、运笔和笔痕等特征上表现稳定的、价值高的特征，采用系统论方法，充分发掘字迹全部可用特征，深入结合案情，分析研判，作出科学鉴定意见，这是此案的技术关键。

案件的公诉和审判，对社会高度关注的开设赌场集团犯罪具有震慑作用，产生了良好的社会效果与法律效果。同时，这也是我们文检鉴定人员坚持科学、客观、依法、公正原则，把强化法律监督提高办案质量、突出为办案服务、充分发挥检察技术职能作用的体现，为业务部门提供科学的技术支撑，彰显了检察机关司法鉴定在办案中的关键作用。▲

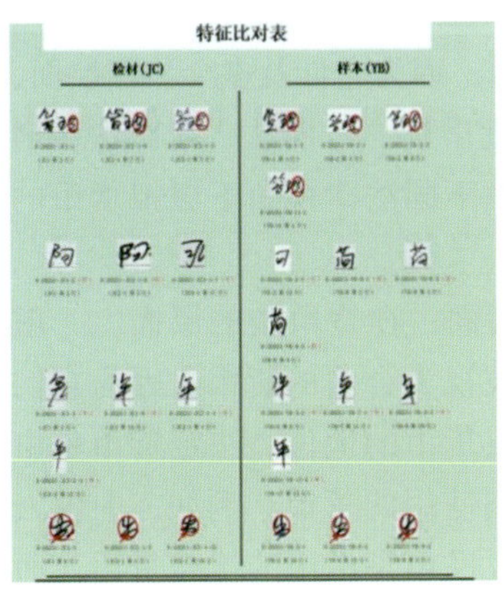

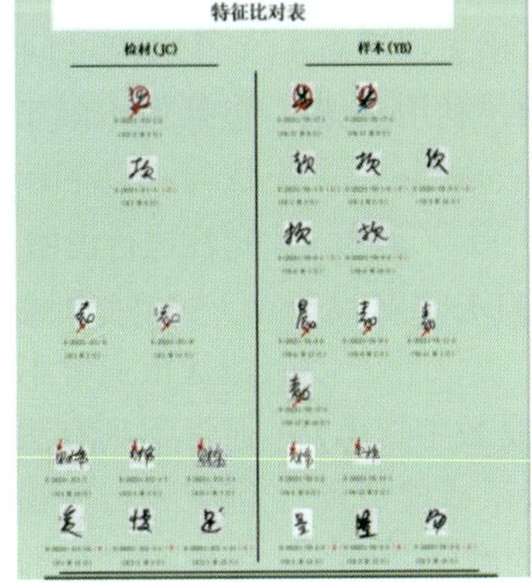

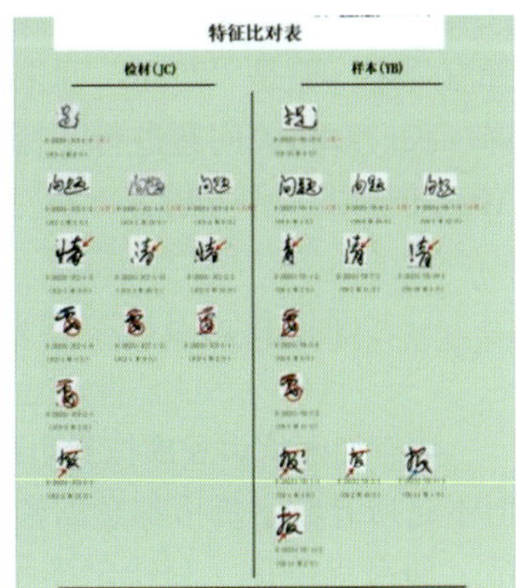

>> 图 2　特征比对

虚拟币的法律属性和涉案财物司法处置疑难问题

文 | 辽宁省辽阳市人民检察院　　韩曜旭

随着香港 RWA（资产代币化）快速发展，虚拟货币交易越来越成为我国“走出去”企业国际结算的通行做法，辽宁处在“一带一路”重要节点，也是东北亚区域中心。辽宁的虚拟货币的法律属性和涉案财物司法处置是辽宁省检察机关面临的紧迫问题。目前，仅有公安部有相关指引，对涉案虚拟货币处置有规定，但是“两高”并未有相关司法解释。我们对相关问题进行了探索，利用法律 AIGC 创新了工作方法。

一、虚拟货币及其交易所的法律属性

（一）虚拟货币的法律属性

所有加密货币和虚拟货币都是数字货币，但不是所有数字货币都是加密货币或虚拟货币。加密货币是一种特定类型的数字货币，依赖于密码学和去中心化，而虚拟货币是在特定虚拟环境中使用的数字货币。虚拟货币，是指由非货币当局发行、使用加密技术及分布式账本或类似技术、以数字化形式存在、不具有法偿性且不能作为货币流通使用、可在境外虚拟货币交易所交易的数字化代币。包括比特币（BTC）、以太币（ETH）、泰达币（USDT）等。虚拟货币的定性在法律上是一个复杂的问题，因为它涉及多个法律层面，包括但不限于货币法、合同法、财产法、刑法等。以下针对不同法律视角下虚拟货币的定性进行说明：

1. 货币法层面：在货币法的层面上，虚拟货币通常不被视为合法的货币，因为它们通常不具有法定货币的地位。法定货币是由国家发行并强制使用的货币。例如，中国人民银行发行的人民币是中国的法定货币。而虚拟货币如比特币，并不由国家中央银行发行，也不具有法定货币的地位，因此不能作为购买商品和服务的普遍接受的支付方式。

2. 合同法层面：在合同法的层面上，虚拟货币的交易可以被视为一种合同行为。如果双方达成了买卖虚拟货币的合意，并且一方交付了虚拟货币，另一方支付了相应的价格，那么这种交易可以被视为有效的合同。然而，如果交易涉及非法活动，合同就会被认定为无效。

3. 财产法层面：在财产法的层面上，虚拟货币可以被视为一种财产。根据民法典，财产包括了动产、不动产、知识产权等，也包括了财产权利。持有人拥有对虚拟货币的所有权，可以控制并处分其虚拟货币，因此可以被视为一种财产性权利。

4. 刑法层面：在刑法的层面上，虚拟货币可能与犯罪行为有关。例如，如果有人使用虚拟货币进行洗钱、诈骗或其他犯罪活动，那么这些虚拟货币可能会被视为犯罪工具。在这种情况下，持有或交易这些虚拟货币可能会违反刑法相关规定，需承担法律责任。

总的来说，虚拟货币的定性需要根据具体的法律环境和案件事实来确定。在实践中，对虚拟货币的刑法属性认定存在多种意见，笔者认为，虚拟货币应属于刑法意义上的财物，且属于合法财产，除非其被持有人用于违法犯罪或直接源于持有人的违法犯罪等，否则应当保护虚拟货币持有人的财产权益。我国目前出于保障人民币作为法定货币的地位、打击违法犯罪等考虑，尚未承认虚拟货币的法定货币地位及货币功能，但其交换价值因存在境外市场的法定认可和合法流通而客观存在，无法摒除。如果将虚拟货币视为毒品等违禁品予以对待，不承认其交换价值，势必导致虚拟货币不可避免地从境外流入境内后，凝结的劳动价值、市场价值被废弃，客观上导致财产灭失，并不利于涉虚拟货币犯罪案件追赃挽损工作的开展。基于虚拟货币之计算机数据这一物理特性，司法实践及学理上一直存在将涉虚拟货币犯罪按照计算机信息系统类犯罪定罪处罚的做法和观点，显然放弃了对虚拟货币之使用价值和交换价值的评价，又不得不通过扩大对我国刑法规定的计算机信息系统类犯罪手段解释的方式，为此类行为寻求入罪途径，确有违“罪刑法定”之嫌。

（二）虚拟货币交易所定性

研究虚拟货币，就必须研究虚拟货币交易所，就像研究鸡蛋，同时也要研究母鸡。关于虚拟货币交易所的司法定性，需要从多个角度进行分析。

1. 金融监管：如果一个虚拟货币交易所未经批准擅自从事金融服务，可能会被视为非法金融机构。在很多国家，包括中国，从事金融服务需要获得相应的牌照或许可，否则可能构成非法经营罪。如果交易所涉嫌洗钱或恐怖融资，那么还可能触发反洗钱法等相关法律法规。

2. 网络安全：虚拟货币交易所在网络安全方面承担着重要责任，因为它们处理大量的虚拟货币交易，可能成为网络攻击的目标。交易所如果未能采取足够的安全措施，导致用户资产失窃或交易所自身被黑客攻击，可能需要承担相应的法律责任。

3. 消费者保护：虚拟货币交易所作为消费者资金的收取和支付平台，必须遵守消费者权益保护法等相关法律法规。如果交易所存在欺诈行为，比如虚假宣传、隐瞒重要信息或者提供有缺陷的服务，可能会被追究消费者权益保护法的责任。

4. 税务合规：虚拟货币交易所还涉及税务合规问题，包括对用户的税务信息收集、报告以及交易所自身的税务申报和缴纳。

5. 环境保护：由于虚拟货币挖矿活动消耗大量电力，可能对环境造成影响，一些国家或地区可能会对此类活动进行限制或监管。

需要注意的是，虚拟货币交易和相关服务在我国并没有明确的法律地位，除了上述提到的刑法中的相关条款，还应当参考网络安全法、消费者权益保护法、反洗钱法等法律法规，以及中国证监会和中国人民银行等监管机构发布的指导和规定。

具体到虚拟货币交易所的司法定性，还需要结合实际情况进行分析，包括交易所的具体业务模式、操作流程、风险管理措施等，以及是否有相关监管机构的许可或批准。

二、依法处理涉案款物

（一）涉案虚拟货币司法处置有关规定

关于虚拟货币的司法处置，需要参考刑法、民法典以及最高人民法院和最高人民检察院出台的相关司法解释和指导文件。以下是一些可能适用的法律规定和原则：

1. 刑法相关规定：如果虚拟货币涉及违法犯罪活动，如洗钱、诈骗、非法集资等，将依照刑法的相关条款进行处置。如果涉及的是盗窃、抢劫等犯罪行为，将依照刑法中关于财产犯罪的规定进行处理。如果涉及的是非法发行虚拟货币，将依照刑法中关于非法经营罪的规定进行处理。

2. 民法典相关规定：根据民法典，虚拟货币作为一种财产，其所有权、转让、继承等事宜将依照民法典的相关规定进行处理。如果涉及虚拟货币的合同纠纷，将依照民法典中关于合同的规定进行处理。虚拟货币司法处置的相关规定可能包含在民事诉讼法、刑事诉讼法以及相关的司法解释中。例如，涉及虚拟货币的民事案件可能需要根据民事诉讼法的规定来处理，而涉及虚拟货币的刑事案件可能需要根据刑事诉讼法的规定来处理。这些规定可能涉及虚拟货币的查封、冻结、划拨等程序。

3. 司法解释和指导文件：最高人民法院和最高人民检察院一直未出台专门的司法解释，对虚拟货币的法律性质、司法认定标准、处置程序等进行明确。因此，“两高”的司法解释需要包括如何处理涉及虚拟货币的案件，如何判断虚拟货币的法律地位、如何执行判决等。虚拟货币司法处置的相关规定可能包含在《关于进一步规范刑事诉讼涉案财物处置工作的意见》第 7 条中。目前，仅有公安部经济犯罪侦查局的《公安机关经侦部门办理涉虚拟货币案件工作指引（试行）》，也是目前国内区块链公司依据的规定。

由于虚拟货币具有涉外等特殊性，其法律地位在不同国家和地区可能存在差异，因此在具体案件的处理上，还需要结合当时的法律法规和司法实践。

（二）涉案虚拟货币处置的具体步骤

在处置涉案虚拟货币时，需要考虑到虚拟货币的特殊性，包括匿名性、全球性、不可逆转性等。此外，由于虚拟货币的法律地位在不同国家和地区可能存在差异，处置过程可能需要遵守国际法律和双边协议。涉案虚拟货币的处置通常涉及以下几个步骤。

1. 立案调查。当涉及虚拟货币的案件被立案调查时，执法机关会对涉案的虚拟货币进行查封，防止其流通或转移。当虚拟货币被卷入法律纠纷或涉嫌违法犯罪时，司法机关会下达查封令，禁止该虚拟货币的使用和转移。这通常涉及虚拟货币交易所、钱包服务提供商或相关金融机构。

2. 价值评估。检察机关在处理涉及虚拟货币的案件时，需要确认虚拟货币的法律地位。这可能包括判断虚拟货币是否属于非法财产、是否具有合法的财产权益等。在某些情况下，虚拟货币可能被视为非法所得，即通过违法犯罪活动获得的财产，这类财产可能会被没收并上缴国库。检察机关应委托专业机构评估涉案虚拟货币的价值，以确定其市场价值。

3. 虚拟货币账户冻结。在虚拟货币已经被查封的基础上，冻结是指进一步限制该货币的交易和转移，通常是对交易所账户、钱包或相关银行账户进行冻结，以防止货币的流通。法院会要求相关金融机构冻结涉案虚拟货币的账户，防止资金流出。虚拟货币的全球性、匿名性和不可逆转性等特点，使得其处置程序与传统财产不同。虚拟货币的转移可能不需要通过银行系统，而是直接在区块链上进行，这使得追踪和冻结变得更加复杂。

4. 虚拟货币地址或私钥的控制。法院会采取措施控制涉案虚拟货币的发送和接收，例如冻结虚拟货币地址或获取私钥。

5. 虚拟货币的划拨。在案件审理结束后，如果需要将虚拟货币作为赔偿或执行判决的一部分，法院会下达划拨令，将虚拟货币从一个账户转移到另一个账户。这可能涉及区块链上的智能合约或虚拟货币交易所的协助执行。

6. 国际法律和双边协议。如果涉及跨国虚拟货币交易或纠纷，可能需要遵守国际法律和双边协议。这可能会影响到虚拟货币的跨境处置和法律适用。在实际操作中，虚拟货币的司法处置需要综合考虑上述各个方面，并且在法律允许的框架内进行。

7. 上交国库。如果涉案虚拟货币属于非法所得，法院可能会下令将其上交国库。

8. 公告公示。法院可能会通过公告或其他方式公示涉案虚拟货币的处置结果，以便相关权利人知晓。

9. 办理相关手续。根据虚拟货币的性质，可能需要办理一些特定的手续，例如在区块链上进行转账或更改所有权。

10. 向相关机构报告。涉及非法活动的虚拟货币处置可能需要向相关监管机构报告，以进行进一步的调查和处理。

三、相关创新事例

目前，国际经济形势不断变化，我国践行“一带一路”倡议，越来越多的中国企业“出海”，涉外案件也由于国内外共建“一带一路”，我国涉外审判覆盖的国家和地区范围不断扩大，境外当事人主动选择中国法院管辖的案件日益增多，很多涉案财物是虚拟货币。我国“走出去”企业国际结算很多用虚拟货币。特别是随着香港 RWA 和 WEB 3.0 的快速发展，它代表着将现实世界的各种资产进行代币化和数字化表达。这些资产可以包括股票、债券、基金份额、知识产权等。因此，资产的收益和现金流代币化，而我国企业和“走出去”企业很多资产也都通过香港进行了代币化，这对虚拟货币处置提出了更高要求。

我国“走出去”企业的司法保护，急需创新检察工作理念，用检察大模型“加持”。辽宁地处东北亚重要的战略位置和“一带一路”关键节点，2024 年是辽宁全面振兴新突破三年行动攻坚之年，省委聚力“东北亚开放合作枢纽地”目标定位，全力向北开放，聚焦东北亚、紧盯欧美、拓展西亚和中亚、辐射东南亚 5 个重点方向，全力实施七大工程，主动融入“一带一路”建设。辽宁省检察机关面临着“走出去”企业的国际结算用虚拟货币，企业的资产在香港代币化的趋势。那么，检察机关如何对这些代币化的资产和大量涉案的虚拟货币进行依法处置，是摆在我们面前的现实问题。

2024 年全国两会期间，习近平总书记三次下团，都提出了要发展新质生产力，政府工作报告中提出了“人工智能 +”。大数据、人工智能和区块链是新质生产力的典型代表。我们利用新质生产力提升法律监督能力，运用大数据、NFT、RWA、AI 等技术，设计了数字证据审查模型为检察机关提供境外证据获取和智能审查能力，特别是数字化智能化的多元证据获取方法，以合法、客观的方法进行智能分析审查。

通过构建数字证据审查模型，用虚拟化、智能化的 AI 证据审查范式代替传统人工形式审查和实质审查分开的方法，提高效率，减少人为因素，为办案人员提供证据审查报告和办案证据要点指引，对补正瑕疵证据和非法证据排除指出方向性建议和具体步骤，对证据链闭环和证据证明力提供参考意见和索引。我们利用 AIGC 辅助检察办案人员分析虚拟货币和代币化资产，对缴获的涉案虚拟货币，与虚拟货币交易所联系，利用国内有虚拟货币处置牌照的机构，通过专业化的方式，在国际市场合法售卖，取得款项依法处置。▲

数字化、信息化、智能化和数智化的区别是什么？*

文 | 孙浩轩

在当今科技飞速发展的时代，数字化、信息化、智能化与数智化成为引领各领域变革的关键力量。它们如同推动时代巨轮前行的强大引擎，不断重塑着我们的生活与工作方式。然而，对于许多人而言，这几个概念常常容易混淆。究竟数字化、信息化、智能化和数智化之间有着怎样的区别呢？让我们深入剖析，一探究竟。

一、数字化

定义：将模拟信息转化为数字信息的过程。

特点：把物理世界中的事物以数字形式表达，例如将纸质文档转化为电子文档，将传统的照片转化为数字照片等。侧重于数据的采集和存储，使信息更加易于管理和传输。

举例：企业将传统的纸质档案进行扫描，存储为电子文档，实现档案管理的数字化。

应用：如数字照相机取代胶片照相机，电子书取代纸质书。

二、信息化

定义：利用信息技术对各种信息进行收集、整理、存储、传输和应用，以提高管理效率和决策水平。

特点：强调信息的流通和共享，通过建立信息系统，实现不同部门之间的信息交互。

通常以数据库为核心，将各类数据进行整合和管理，为企业或组织的决策提供支持。

举例：企业建立客户关系管理系统（CRM），整合客户信息，实现销售、市场和客户服务

* 原文载微信公众号“信息技术学堂”，2024 年 9 月 12 日。

等部门之间的信息共享。

应用：如企业资源计划（ERP）、客户关系管理（CRM）系统的应用等。

三、智能化

定义：使对象具备感知、分析、决策和执行的能力，能够模拟人类的智能行为。

特点：依赖先进的技术，如人工智能、机器学习、大数据分析等，实现自动化和智能化的决策和操作。

能够根据不同的情况自动调整策略，提高效率和准确性。

举例：智能机器人可以根据环境的变化自主调整行动路径，完成复杂的任务；智能家居系统可以根据用户的习惯自动调节温度、灯光等。

应用：如智能手机、人工智能助手、自动驾驶汽车、智能机器人等。

四、数智化

定义：是数字化和智能化的融合，既包括对数据的深度挖掘和分析，又具备智能化的决策和执行能力。

特点：强调数据驱动的智能决策，通过对大量数据的分析和挖掘，发现潜在的规律和趋势，为企业或组织提供更加精准的决策支持。

实现了数字化和智能化的无缝衔接，使业务流程更加高效、智能。

举例：电商平台通过对用户行为数据的分析，实现个性化推荐，同时利用智能物流系统，提高配送效率。

应用：如智能制造、智慧城市、智能医疗等。

综上所述，数字化是基础，将信息转化为数字形式；信息化强调信息的流通和共享；智能化使对象具备智能行为；数智化则是数字化和智能化的融合，实现数据驱动的智能决策。

再进一步来说，数字化是信息化的基础，信息化是数字化发展到一定阶段的产物；智能化是在数字化和信息化的基础上，通过人工智能等技术实现的更高级的应用；而数智化则是数字化的深度发展，是数字化与智能化的深度融合，代表着信息技术发展的新阶段。▲

司法人工智能在证据审查中的功能定位与风险规制*

文 | 吉林大学理论法学研究中心教授　　谢登科
吉林大学法学院博士研究生　　周鸿飞

一、问题的提出

随着信息技术的快速发展，人类社会交往已逐渐从线下物理空间延伸至线上网络空间，数字智能时代随之到来。大数据、云计算、人工智能等逐渐深度融合并呈现出指数性扩展态势，其在给社会生活带来系统性创新和数字红利的同时，亦引发了新一轮信息革命和技术革命，给传统法律关系带来冲击和挑战。为了有效应对数字智能时代的挑战，部分国家和地区发布了一系列规范性文件。在欧洲，2021 年 4 月欧盟委员会提出一个变革性法律框架，以促进合法、安全、可信的人工智能市场发展。2024 年 1 月，欧盟委员会、欧洲议会和欧洲理事会完成了《人工智能法》的定稿，该法案明确指出人工智能可以用于支持法官的决策，协助司法机关研究和解释案件事实、法律等。在我国，2017 年 7 月国务院发布的《关于印发新一代人工智能发展规划的通知》指出，应重视人工智能法律伦理的基础理论问题研究，促进人工智能在证据收集、案例分析、法律文件阅读与分析中的应用。2022 年 12 月，最高人民法院发布的《关于规范和加强人工智能司法应用的意见》明确指出，应加强司法人工智能应用系统建设，促进司法数据平台与智慧服务、智慧审判、智慧执行和智慧管理等业务应用系统的融合集成。

作为证据审查方式的技术性变革，人工智能在证据审查中的应用已经成为世界范围内的实践活动。然而，理论界对人工智能应

* 本文原载于《吉林大学社会科学学报》2024 年第 64 卷第 3 期，有删减。

用于证据审查的专门研究却不多。[①]在现有研究成果中，学者多侧重于人工智能在司法中的适用场域、功能定位及应用风险研究[②]，鲜有关于人工智能审查证据的专门研究。通过对现有研究成果梳理和实践现状考察可以发现，人工智能在证据审查中的应用主要存在三重困境：第一，不同案件面对的证据问题多种多样，而人工智能系统处理的案例样本数量有限，由此导致证据标准的设定存在个别化不足，其可靠性大打折扣。第二，证据规则的数字化、结构化转换困难，证据审查中的价值权衡、司法政策等难以量化标准并入算法系统中，无法实现对证据的实质审查。第三，人工智能审查证据过程处于“黑箱”状态，算法可解释性不足，无法实现证据审查程序的“可视正义”。因而本文将立足于人工智能在证据审查中的功能定位，分析司法人工智能在证据审查应用中的主要风险，并在此基础上提出应对措施，以期有效规制司法人工智能风险，充分释放智慧司法红利。

二、主导抑或辅助：人工智能在证据审查中的功能定位

随着网络信息技术与人类日常生活的深度融合，我国已经进入以大数据开发、大数据分析和大数据运用为主要内容的大数据时代。在司法领域，虽然大数据的收集、分析能够为侦破犯罪提供便利，但囿于大数据的“5V”特征[③]，导致司法机关在对此类证据审查时面临着“量多人少”“技术鸿沟”等困境。对此，司法机关开始探索高效的证据审查方式，其中人工智能技术的运用能够大幅提高司法机关的证据审查能力。

（一）人工智能在证据审查中的价值功能

作为新一轮技术革命和产业革命的核心力量，人工智能早期在计算机仿真、机器人研发、机器控制中得到广泛应用。随着网络信息技术的发展普及，人工智能的应用范围日益扩张，逐渐在教育、医疗、司法等领域发挥重要作用。具体至证据审查领域，当前司法机关主要将人工智能运用在证据数量、形式审查、证据合法性审查等方面。

1. 统一证据审查标准，减少司法裁判恣意

在司法活动中，“无证据，不事实”已经成为一项共识。虽然证据对于认定案件事实发挥着无可替代的作用，但证据材料只有经过查证属实后方能作为定案依据。关于证据审查，根据《中华人民共和国刑事诉讼法》

① 笔者以“司法人工智能”为关键词在中国知网上进行检索，共检索到发表于中文核心期刊的文章697篇，在2017年前共有文章16篇，2017年后至今共有文章681篇，增幅约为41.5倍。在现有研究成果中，专门研究人工智能在证据审查中应用的文章有16篇。需要注意的是，由于根据关键词检索得出的数目可能会存在个别遗漏，故上述数据仅反映总体趋势。检索时间截至2024年2月21日。

② 关于人工智能在司法中的适用场域，部分学者就人工智能在辅助量刑、刑事侦查等领域中的适用展开研究。参见左卫民：《AI法官的时代会到来吗——基于中外司法人工智能的对比与展望》，载《政法论坛》2021年第5期；何邦武：《网络刑事电子数据算法取证难题及其破解》，载《环球法律评论》2019年第5期。关于人工智能在司法中的功能定位，多数学者认为，人工智能不可能取代或替代司法人员办案，只能是司法人员办案的辅助工具。参见潘庸鲁：《人工智能介入司法领域的价值与定位》，载《探索与争鸣》2017年第10期；谢澍：《人工智能如何“无偏见”地助力刑事司法——由“证据指引”转向“证明辅助”》，载《法律科学（西北政法大学学报）》2020年第5期。关于人工智能在司法中的应用风险，有学者认为，人工智能在司法中的应用存在合法性、公正性、有效性等争议。参见熊秋红：《刑事司法中的人工智能应用探究》，载《上海政法学院学报（法治论丛）》2022年第6期。有学者认为，人工智能的技术缺陷易导致司法缺乏实质合理性。参见李婷：《人工智能时代的司法公正：价值效用与风险防范》，载《江苏社会科学》2023年第1期。

③ 大数据的“5V”特征分别是：Volume（大容量）、Velocity（高速率）、Variety（多样性）、Veracity（真实性）、Value（价值）。

（以下简称《刑事诉讼法》）第 55 条第 1 款规定，只有证据确实、充分的，才可以认定被告人有罪和判处刑罚。此款规定明确了证据审查中的“质”和“量”标准。在实践中，司法机关通常采用单个证据审查、全案证据印证审查等方法，对于证据的形式、属性、证据之间是否形成完整的证据链以及证据链是否闭合等进行审查判断。与传统证据审查相比，人工智能审查证据是将待审查证据与系统内部设定的证据标准进行比对，其中统一证据标准是人工智能审查证据的核心。

关于统一证据标准，2015 年最高人民检察院先后制定了《刑事案件审查逮捕指引》和《刑事公诉案件证据审查指引》，分别就故意杀人、抢劫、盗窃等 50 个常见罪名的证据标准作出明确规定。当下，无论是侦查取证阶段还是案件事实认定阶段，人工智能都在证据审查上发挥作用。在侦查取证阶段，人工智能系统通过量化证据标准来指引侦查人员收集证据，避免后续诉讼阶段因证据不合法、不充足而被退回。尤其在电子数据取证领域，因电子数据具有易篡改性，若不对其及时收集可能会导致部分数据灭失而无法收集，人工智能系统可以指引侦查人员尽可能地全面、及时收集证据。在案件事实认定阶段，人工智能系统通过量化证据标准对侦查人员收集的证据进行审查。该标准是由人工智能算法对海量案件的自我标注、证据要素的自动提取并分析赋值所得，在最大程度上对各类证据进行了代码式处理，减少了证据审查过程中的主观裁量。

2. 提高证据审查实效，减少刑事冤假错案

近年来，随着案件数量不断增多，案多人少的司法难题使得传统证据审查方式无法有效应对，对人工智能辅助证据审查的需求日益显著。在司法审判中，司法人员运用证据对案件事实认定之前通常需要对其进行审查，当遇到案情复杂的案件时，其将会面临海量的证据材料，这无疑会增加司法人员的工作量。除了案件情况复杂、证据数量多以外，科学证据的存在也是法院探求人工智能在证据审查中应用的重要原因。与传统证据相比，科学证据通常涉及某一领域的专业性问题，其需要由该领域的专家来审查判断。人工智能深度学习算法可以弥补司法人员专业知识的不足，其通过强大的学习和分析能力对不同学科的专业知识进行学习，并以此对科学证据进行审查判断。此外，人工智能也可以提高证据审查的精准性，减少刑事错案的发生。与传统证据审查相比，人工智能审查证据是通过构建证据模型自动对单一证据进行检验，并对现有证据是否形成完整证据链条进行审查，当发现证据中存在瑕疵或矛盾时及时作出警示指引，提示办案人员进一步核查证据，从而减少因证据审查不严谨、不规范而导致刑事错案的发生。

（二）人工智能在证据审查中的应然定位

人工智能在法律中的应用主要是由传统的逻辑分析、价值分析和规范分析朝着精细化、可操作性和易实现的应用范式转变。虽然人工智能具有提高证据审查效率、减少司法裁判恣意等优势，但其当前仍无法完全替代司法人员对证据进行审查。对此，应当合理审视人工智能在证据审查中的优势与不足，从工具理性的角度出发，明确其应然“辅助”定位。关于人工智能在证据审查中的定位，可以从人工智能在证据审查中的适用范围、运行机制及其与司法人员的思维模式差异等方面入手分析。

首先，就人工智能在证据审查中的适用

范围而言，当前人工智能在证据审查中的应用仅限于证据形式、数量审查、单一证据合法性审查以及全案证据印证审查等。虽然其与司法人员审查的证据要素有相同之处，但后者对于证据的审查范围要更加宽泛。以单一证据审查为例，人工智能仅能对证据的形式合法性要件进行审查，而司法机关不仅要对证据的形式合法性进行审查，还要对证据的真实性、可信性等进行审查。由此，因人工智能在证据审查中的适用范围相对有限，故其仅能发挥辅助作用。

其次，就人工智能在证据审查中的运行机制而言，其主要是通过证据标准对于案件需要哪些证据以及各证据之间是否存在矛盾进行审查。关于证据标准，早期研究通常将其与证明标准视为等同，随着理论研究和司法实务的不断发展，人们逐渐认识到它们两者之间存在重大差异。若以阶段划分，证据标准应当属于审前阶段事实查明的证据要求，而证明标准则属于审判阶段事实查明的证据要求。当下，理论界大多学者认为，证据标准是指案件对所需证据的最低要求，其主要功能是发挥证据收集和审查的指引作用。① 在实践中，司法机关多是将证据标准作为证据数量、形式的审查指引。虽然证据标准包括对证据能力的审查判断，但严格来说人工智能中的证据标准与传统证据能力标准并非等同，以证据能力之合法性审查为例，前者仅包括形式合法性标准，而后者不仅包括形式合法性标准，还包括主体合法性标准、程序合法性标准等，比如：《刑事诉讼法》第 56 条关于非法实物证据认定要素之“严重影响司法公正”就属于程序合法性标准，其通常需要司法人员的解释性评价。由于人工智能中的证据标准既不等同于传统证据能力标准，亦不等同于证明标准，故该标准仅能实现对证据的初步筛选，而非实质审查。

最后，就人工智能审查证据的思维模式而言，人工智能属于典型的线性思维，其主要是通过算法来训练计算自动或在人工输入期望值的情况下，对输入的证据材料进行审查判断，即使当前人工智能已然经历了基于规则的系统学习、机器学习和深度学习三个发展阶段，但证据审查要素图谱仍主要是由人工录入或机器对司法案例大数据深度学习的基础上建构的。相比之下，司法人员审查证据时不仅需要法律规范的程式规定，还需要丰富的办案经验、司法政策的综合衡量。由此，人工智能对于证据的审查应当属于证据的初筛阶段，其仅能对证据的数量、种类以及形式合法性等进行审查，无法完全模拟司法人员对证据审查的系统思维。

三、样本质量风险：人工智能审查证据之证据标准可靠性

在数字信息化时代，人工智能在证据审查中的应用是人类决策与机器判断交互的结果。虽然人工智能可以提高证据的审查效果，

① 有学者认为，证据标准是指证据被用于作为定案依据时所应达到的要求或程度，其应当包括客观性、关联性和合法性等标准。参见李小平、张礼萍：《刑事诉讼中应当确立“证据标准”概念》，载《河南社会科学》2009 年第 2 期。有学者认为，证据标准偏向于对证据数量、规格的要求，主要是能够发挥证据收集的指引功能。参见刘品新、陈丽：《数据化的统一证据标准》，载《国家检察官学院学报》2019 年第 2 期。有学者认为，证据标准只是对案件所需证据设置的最低要求，其既不同于证据充分标准，也不是认定案件事实的证明标准。参见熊晓彪：《刑事证据标准与证明标准之异同》，载《法学研究》2019 年第 4 期。

最大限度实现“类案证据，相同审查”，但不同案件需要的证据种类、证据数量并不相同。囿于案例样本数量的充分性不足，以有限案件数量归纳的证据标准是否可靠存有疑问。对此，应当提高案例样本的充分性，从扩充案例样本数量、优化案例样本质量两个方面入手，提升证据标准设定的可靠性。

（一）案例样本不充分：证据标准可靠性不足的主要原因

大规模、高质量的数据是人工智能深度学习发挥效用的前提，要有大量的数据才能训练深度结构。人工智能在数据库中进行数据挖掘和知识发现的过程涉及多种技术，其中最关键的是统计分析和拟合概率的结合，其是探索数据分析（Exploratory Data Analysis）的一种形式，可以分析大量的数据集合。

在证据审查领域，人工智能审查证据使用的数据集①主要包括数据采集、数据清洗、数据采样等环节，当数据样本不足时，人工智能仅能从数据集中提取到零星的群体特征，无法确保人工智能审查证据的精准可靠。人工智能分析结果的可靠性与样本数据的充分性呈正相关关系，即样本数据越充分、质量越高，样本特征越能贴近整体参数，人工智能分析结果的拟合度越高、可靠性越强。

在我国，虽然当前各地司法机关均在积极探索构建统一的证据标准，但囿于技术能力有限、案件复杂多样等原因，其证据标准设定所依赖的案例样本数量有限、质量不高。一方面是当前裁判文书说理不充分，多数裁判文书仅是简单罗列证据目录，并没有对案件中的证据审查结果进行详细说理分析。另一方面则是案例样本数量有限，虽然当前我国法院已经建立了裁判文书数据库，但其并没有涵盖所有案件的裁判文书，且关于裁判文书的数据也仅有近期数据而没有长期数据，无法实现对不同案件所需证据的精细化分析。以上海“206 系统”对于盗窃罪的证据标准设定为例，该系统收集并分析了 2012 年至 2016 年上海各基层法院审理的部分盗窃案 36779 件，并将盗窃案件分为当场抓获型、重要线索型和网络犯罪型三类，按照不同的证据数量和种类构建了该罪的证据标准指引模型。从案例样本数量来看，虽然该系统已经涵盖了上海市近 5 年的案例，但以此设定的证据标准仍存在精细化、个别化不足的问题，即不同案件需要的证据种类、证据数量存在差异，即使是同类案件，案情的差别也会导致证据的需求有所变化。

（二）“扩充 + 优化”案例样本：提升证据标准可靠性的有效途径

司法人工智能必须基于充足的大数据，有数据才有人工智能。人工智能在证据审查中的应用亦是如此，其是典型的从数据挖掘到规律发现的过程，即从海量案例样本中通过算法提炼出隐藏在数据中的规律和知识。只有案例样本充足，才能确保证据审查标准的可靠。提高案例样本充分性不仅应当扩充案例样本数量，还应当优化案例样本质量。

从证据标准设定的案例样本来源和数量来看，当下人工智能分析的案例样本获取主要依托于中国裁判文书网、各法院内部的裁判文书数据库以及科技公司研发的案例检索平台，且各省、市自行研发的司法智能辅助

① 此处的数据集是指用于构建证据审查模型所需要的数据样本，包括大量的案例标注样本，其中每一个样本都有一个对应的标签，用以指导证据模型学习过程。

系统通常依托于法院内部的裁判文书数据库，以各省、市法院内部的裁判文书数据库为分析样本，难免会导致证据标准带有“地域化”特征，而此种特征既没有达到实务界对统一证据标准的合理预期，也可能因地域样本不足而引发证据标准设定的隐性偏差。但是若将案例分析样本扩展至全国范围，以提取大范围的共性因素，则可能会导致证据标准因存在较大地域性误差而实用性不足。究其原因，主要在于全国各地经济发展水平和风俗文化存在差异，统一法律适用标准不仅难以做到，而且没有必要。以盗窃罪为例，根据最高人民法院、最高人民检察院《关于办理盗窃刑事案件适用法律若干问题的解释》第1条第2款规定，各省、自治区、直辖市高级人民法院、人民检察院可以根据本地区经济发展情况，考虑社会治安状况，确定本地区盗窃公私财物的具体数额标准。在此规定下，各地司法机关对于盗窃公私财物认定的具体数额标准作出了不同规定，比如：吉林省将盗窃财物价值3万元认定为“数额巨大”，而河南省将盗窃财物价值5万元认定为“数额巨大”。[①] 由此，扩充案例样本数量并非意味着将其扩至全国范围，其中案例样本数量阈值的设定，就涉及对统一证据标准之“统一”的理解，应当明确人工智能审查证据的标准统一并不是全国范围的统一，而是以各省级地域为限的统一。各地司法机关应当扩充其地域内的案例样本数量，不仅要关注近期数据，也应当归纳长期数据，使案例样本数量更接近该省案例样本的整体完整性。唯有如此，才能挖掘数据多维度信息，降低案例样本间的不均衡，提高人工智能审查证据的拟合度。

目前，我国司法机关作出的判决书说理部分阐述过于简单，大多仅是将据以认定案件事实的证据予以罗列，对于证据审查过程中的关键行为和信息如当事人就某一证据互相质证的过程却疏于记载。这是因为：其一，部分证据的审查并非在庭审中进行。一方面，审判法庭并非证据产生的唯一空间，部分言词类证据可以不通过庭审程序就成为判决的基础；另一方面，部分证据的审查认定并非在庭审中进行，法官可以将庭外收集的证据直接作为判决依据。其二，司法人员的主观因素。在实践中，司法人员出于“言多必失”“职业风险”等顾虑，尤其是社会影响较大的案件，法院裁判文书通常是对案情简要描述后径直作出判决，存在着证据审查不说理、模式化语言替代具体说理以及用简短说理的方式掩盖证据瑕疵等问题。人工智能依赖的程序过程信息不充分，将导致其对于案例样本的分析仅是表象的，而无法实现对证据审查要素的全面提炼、标注和量化。有效的解决方法即为优化案例样本质量，加强裁判文书中关于证据审查过程的阐述。具体而言，可以从两个方面入手：一方面，应当深入推进庭审实质化改革，转变既往过度依赖查阅卷宗材料等证据调查方式，明确证人出庭作证、物证当庭出示等证据调查方式；另一方面，应当强调裁判文书中对证据审查过程阐述的实质化，不能仅以“不符合证据标准”“无法形成合理印证”等概括理由直接得出证据审查结果，对证据审查应当实现从“是什么”到“为什么”的转变。需要注意的是，此处加强对证据审查过程的分析和阐述

① 详见2013年吉林省高级人民法院、吉林省人民检察院印发《〈关于办理盗窃刑事案件执行具体数额标准的规定〉的通知》，2013年河南省高级人民法院、河南省人民检察院印发《〈关于我省盗窃犯罪数额认定标准的规定〉的通知》。

并非要求对证据审查流程的全部记录。由于证据审查通常包括单一证据审查、多个证据印证审查等环节，而每个环节又包括多重流程，若对每个流程进行记载，则可能会导致裁判文书内容过于烦琐。需要在保障裁判文书中载有证据审查过程的前提下做到繁简得当，以清晰简洁的文字将证据审查的思维过程予以展现。

四、结构转换风险：人工智能审查证据之证据规则结构化转换

随着人工智能技术的持续发展，人工智能已经实现了从符号逻辑计算向机器学习的转变，虽然此种转变提高了人工智能提取、分析数据的能力，但其仍面临着自然语言处理有限的难题，即人工智能仅能对证据规则中的部分语言进行结构化处理，无法实现对证据规则语言的全部转换。对此，应当明确人工智能在证据审查中的适用范围，以应对证据规则无法全部嵌入证据审查模型的困境。

（一）自然语言处理能力有限：证据规则无法完全结构化转换的主要原因

人工智能在证据审查中的应用主要是通过数理逻辑的智能算法，以人工输入、机器学习、大数据技术等将证据规则转换成证据数学模型，从而实现对证据的审查。虽然证据规则在证据审查中发挥着重要作用，但若将证据规则嵌入到人工智能系统中，则需要经过法律语言向结构化语言的转换过程。囿于人工智能的自然语言处理能力不足，故当下无法实现对证据规则的完全转换。

在证据法领域，证据规则指引事实认定者如何进行事实推理，体现了使审判中的事实认定合法化的价值。无论是事实认定准确性的证据规则，抑或提高效率的证据规则，其通常以“程式化语言 + 自然语言”①的形式表现。虽然证据规则中部分程式化语言可以直接转换成结构化语言，但证据规则的适用并非仅依靠程式化语言的逻辑判断，其同样需要自然语言的建构性解释，即司法人员在运用证据规则审查证据时通常需要将法律规则和价值判断相结合。以非法证据排除规则为例，该规则是证据合法性审查的典型规则，主要是通过对侵犯公民基本权利所取得的证据予以排除，从而避免侦查人员非法取证，保障被调查人基本权利。关于非法证据的认定标准，我国主要采用的是“严重程序违法”标准。根据我国《刑事诉讼法》第56条规定，对于非法言词证据，明确了采用刑讯逼供等非法方法取得的供述应予以排除。对于非法实物证据，明确了程序违法程度达到可能严重影响司法公正程度的才予以排除；若将非法证据排除规则嵌入到人工智能系统中，则应当对《刑事诉讼法》第56条的法律语言进行解构，即将其拆分为程式化语言和自然语言。对于非法言词证据的认定，该条中“刑讯逼供”“暴力、威胁”等应当属于程式化语言，对其可以进行法律标注，以实现法律语言的结构化转换。对于非法实物证据的认定，该条中“法定程序”同样属于程式化语言，对其可以结合书证、物证等实物证据的取证程序要求，比如：扣押笔录上需要有侦查人员的签字、扣押清单应当一式三份、扣押清单上应当写明财物的名称、编号、数量等并

① 自然语言是一种非程式化语言，其在语法和语义上都十分模糊，需要人结合具体情况对语义进行分析。程式化语言是指语言在法律活动的应用中形成的规范，表现为单一的词汇、句式结构，具有典型的法律文体特征，通常以固定的句法结构展现。

依照要求进行法律标注，以实现程式化语言的结构转换。而该条中“严重影响司法公正”则属于自然语言，对于需要达到何种程度才能认定为严重影响司法公正需要司法人员进行综合评价和解释。

因此，由于证据规则中的语言范式包括程式化语言和自然语言，虽然程式化语言可以通过法律标注实现结构化转换，但自然语言需要司法人员的综合评价和解释性建构，其通常难以实现结构化转换，故证据规则难以全部嵌入到证据审查系统中。

（二）明确证据审查范围：解决证据规则结构化转换困境的有效途径

人工智能已经进入飞速发展阶段，当前多数研究者倾向于人工智能中的深度学习算法，利用多层结构从庞大的数据集中提取特征，以满足需要模式识别的实际任务，或使用其他技术实现类似效果。2022年11月30日美国人工智能实验室Open AI发布了对话式大型语言模型Chat Generative Pre-trained Transformer（简称Chat GPT），作为人工智能技术驱动的自然语言处理工具，Chat GPT主要是采用生成式预训练模型，通过深度学习来生成和训练数据，使用近端策略优化算法的多次迭代来加强训练和自身微调。如今已经发展到第四代GPT-4，其使用的自回归语言模型优于之前GPT-3和GPT-3.5的模型①，在法律检索、处理法律文本、辅助司法裁判等领域中的应用效果更佳。② 在证据审查领域，虽然GPT-4的出现能够提高既有证据审查模型的自然语言识别处理能力，但其仍不具备将证据规则下自然语言完全结构化转换的能力。

证据审查既包括证据能力审查也包括证明力审查。从证据规则结构体系来看，证据能力与证明力的结构属性体现了事实认定的程序结构进程，即对证据的审查应当先判断其是否具有证据能力，再判断其证明力大小。在人工智能审查证据领域，其对证据能力的审查通常是从证据的合法性入手，其中最典型的证据规则是非法证据排除规则。虽然实践中部分司法机关将证据的合法性审查要素嵌入到人工智能辅助办案系统中，但人工智能对于单一证据的合法性审查仍存在局限之处，即其仅能对证据形式合法性进行审查，比如：讯问笔录是否有签字捺印、提取的电子数据是否附有清单说明相关数据的类别和格式等。究其原因，主要在于证据合法性审查之非法证据排除规则中存在着需要解释性建构的自然语言。

与证据能力相比，证明力的审查更为复杂，主要原因是证据能力一般实行法定主义，其存在一般法律推理的前提和结构；而证明力判断基本上是一个事实判断问题。关于证明力，其是指证据对待证事实的证明作用及程度大小，主要包括真实性和相关性两个因素。就证据的真实性而言，其主要包括证据载体的真实性和证据事实的真实性，关于证据载体的真实性，其主要是指证据来源真实、证据保管链条完整等表现形式真实，最典型

① Chat GPT是Open AI开发的人工智能聊天机器人程序，除了可以用人类自然对话方式来交互，还可以用于较为复杂的语言工作，包括自动生成文本、自动问答、自动摘要等多种任务。如今发展到第四代的GPT-4使用的“自回归语言模型”是多模态模型，比既往GPT-3和GPT-3.5的模型更高效。

② GPT-4在法律领域的运用：在法律检索方面，GPT-4能够根据人类需求快速检索到法律条文；在处理法律文本方面，GPT-4能够根据人类需求快速生成格式合同文本等；在辅助司法裁判方面，GPT-4能够快速实现对案例文本的解构，帮助司法人员提炼出案例争议焦点并对其进行分析。

的证据规则是实物证据鉴真规则，对其审查主要是通过证据收集的法定形式要件、保管链条完整性检验等方式，其中电子数据也可以通过完整性校验、可信时间戳、区块链存证等技术方法进行鉴真。证据载体的真实性审查属于对实物证据的证据能力审查，证据证明力审查主要指向证据事实的真实性。关于证据事实的真实性，其主要是指证据所记录或反映的事实是真实可信的，最典型的证据规则是印证规则，若要保障一项证据的真实性，就需要使其包含的事实信息得到其他证据的印证。具体至人工智能领域，人工智能可以通过算法模型对办案人员录入的证据材料之间是否存在交叉重合或矛盾进行审查。虽然人工智能可以通过对海量案例样本的归纳学习，提炼出侦破某一案件所需要的证据种类和数量，对办案人员输入的证据材料进行筛选，实现对证据与案件事实之间的法律相关性审查。但是，人工智能算法统计的相关性并不代表因果关联，即使其通过推演所得数值的准确性和召回率很高，也无法确保证据与案件事实相关。究其原因，主要在于证据逻辑上的相关性通常包括证据所包含的信息量多少以及与案件主要事实的关系，需要司法人员结合经验法则进行主观判断和评价。由于司法人员的日常经验难以进行结构化转换，故当前人工智能无法对证据逻辑上的相关性进行审查。

因此，无论是证据能力审查抑或证明力审查，当下都面临着无法将证据规则中需要主观解释或评价的自然语言进行结构化转换的困难。对此，除了可以在技术层面提高人工智能自然语言转换能力外，还可以在法律层面明确人工智能审查证据的范围。在证据能力上，应当明确人工智能可以对证据的形式合法性进行审查；在证明力上，应当明确人工智能可以对证据的事实真实性和法律相关性进行审查。

五、正当程序风险：人工智能审查证据之程序可视正义

在证据审查领域，无论是证据标准的设定，还是证据规则的结构化嵌入，人工智能并非仅依靠海量裁判文书完成，其通常需要算法助力，通过算法来认识、学习并分析数据之间的匹配度。虽然人工智能提高了证据审查的实效性，但人工智能审查证据的过程几乎完全处于封闭状态，其原始代码或演算程式无法被当事人所感知，当事人仅能得到证据是否齐全、证据形式是否符合法律要求等结论，而无法对证据审查过程进行查阅，这将导致当事人缺乏对证据审查程序的正义感知。对此，应当加强对人工智能审查证据结果的说理论证，以弥合证据审查程序“可视正义”的匮乏。

（一）算法可解释性不足：证据审查程序“可视正义”匮乏的主要原因

司法程序不仅要公正、合理，而且要保障诉讼参与者有充分机会参与法庭审理程序，确保司法程序的全程透明。证据审查作为司法程序中的重要环节，其更应当注重对当事人程序参与权的保障。在人工智能审查证据领域，当下司法机关普遍面临着算法可解释性不足的困扰，其将阻碍证据审查程序“可视正义”的实现，引发当事人对人工智能审查证据结果的不信任。

从专业知识层面来看，其主要是由于人工智能审查证据的本质是科学技术和法律知识的融合，虽然当事人可能了解法律知识，但对人工智能技术普遍较为匮乏，而人工智

能系统的编写程序和算法极为复杂，即使技术人员公开了人工智能中的源代码，当事人也不一定对其有所了解。程序参与是程序正义的基本要素，其要求当事人都有参与法庭审判的机会，法庭至少保证他们有提出有利于自己的证据、主张并对不利于自己的证据和意见进行质证和反驳的机会，应当保障当事人有实质参与证据审查的过程，确保证据审查的程序正义。从应然层面出发，司法人员在运用人工智能审查证据时，应当向当事人披露人工智能系统所使用的资料、算法代码、演算程式等，否则就存在侵犯当事人的程序参与权之嫌。然而，即使司法人员将人工智能系统中的算法代码、演算程式等向当事人展示说明，打开了“算法黑箱”，也并不意味着其保障了当事人程序参与权。虽然证据审查程序公开可以提高当事人信任感，但此种信任应当建立在当事人“形式感知＋实质理解”之上。由于知识壁垒的客观存在，以算法公开破解“黑箱”难题仅能实现当事人对人工智能审查证据过程的形式感知，而无法保障其实质参与。

（二）加强证据审查结果的论证：提升程序“可视正义”的有效途径

在人工智能审查证据领域，算法可解释性不足会引发当事人对证据审查过程正当性不足的隐忧。算法公开通常被视为解决此问题最直接、有效的方式[①]，应当通过推动科技企业开源算法以实现算法的公开。虽然算法公开不仅在技术上可行，而且在法律上也可充分保障当事人的程序参与权以及其他诉讼权利，但是上述优势仅是应然层面下的理想状态，从实然层面出发，算法公开也面临着诸多难题。一方面，科技公司基于商业利益不愿公开算法；另一方面，知识壁垒使算法公开的目的落空。即使算法公开在技术上可行，但非技术人员对于算法中的代码、演算程式等并不了解，算法公开所要实现的当事人了解人工智能审查证据过程之目的也并未实现。由此，算法公开仅能实现人工智能审查证据的形式可视，并未解决当事人对于人工智能审查证据的实质参与。

算法公开并不等同于算法知悉。在司法程序中，当事人对司法过程的参与不够，将会导致其缺乏对司法裁判的信任，进而影响法律的公信力。具体至证据审查领域，当事人通常希望能够实质参与证据审查的过程，从而影响证据审查的结果，而人工智能审查证据程序不透明将会阻碍当事人对证据审查程序的正义感知。实际上，由于当事人专业知识的匮乏，故其实质追求的应当是证据审查结果是否准确、能否接受。对此，在法律层面，应当加强司法人员对证据审查结果的说理论证。需要注意的是，此处对证据审查结果的说理论证是针对证据审查结果的准确性和可靠性，主要包括：量化证据标准设定所依据的案例样本数量、案例样本与本案的相似度、司法人员采纳／拒绝证据的依据等。在技术层面，作为证据审查方式的技术性变革，只有具备相关技术知识才能实现对证据审查结果的有效质证，而当事人技术知识不足必然会对其质证效果产生消极影响。在刑

① 有学者认为，应当加大算法公开力度，对于由算法作出的决策不仅要公开决策的原因和理由，还要对作出决策的算法模型所依赖的样本数据予以公开。参见张凌寒：《算法自动化决策与行政正当程序制度的冲突与调和》，载《东方法学》2020年第6期。有学者认为，算法透明作为一种信息监管机制，公开算法是数字社会化和社会数字化趋势的必然选择。参见汪庆华：《算法透明的多重维度和算法问责》，载《比较法研究》2020年第6期。

事诉讼中，控诉方与被追诉方之间存在天然失衡的状态，控诉方可以借助于其背后的技术部门或团队，更容易让法院采信其提交的证据，而被告人及其辩护人则可能因缺乏专业知识而无法展开有效质证，进而影响证据审查认定的效果。未来可以考虑将专家辅助人制度引入到人工智能审查证据领域，赋予当事人申请有专门知识的人出庭的权利，将人工智能审查证据中的技术问题交由专业人员审查认定。

因此，算法公开仅是以技术可视来实现当事人对程序正义的形式化感知，其并未破除算法可解释性不足的枷锁。为了实现当事人对证据审查结果的实质认同，应当加强司法人员对人工智能审查证据结果的说理论证，对作出证据审查结果的主要依据予以阐释，对于人工智能审查证据中的专业问题还可以申请技术领域专家进行质证。

伴随着人工智能热潮的涌来，当下各地司法机关积极探索将人工智能在司法领域中深度应用，以期提高司法能力和诉讼效率，实现传统诉讼活动的技术性变革。在证据审查领域，虽然人工智能能够提高证据的审查效率，最大程度实现“类案证据，相同审查”，但其在实践中仍面临着证据标准设定可靠性不足、证据规则结构化转换困难、算法可解释性较差等问题。要充分释放人工智能在证据审查领域中的智慧红利，不应将目光仅局限在人工智能的技术优势，还应当对其在证据审查中存在的问题予以审视。从工具理性的角度出发，明确人工智能在证据审查中的辅助地位，同时提高案例样本的充分性、明确人工智能在证据审查中的适用范围和加强司法人员对证据审查结果的说理论证。▲

图书在版编目（CIP）数据

检察技术与信息化 . 2024 年 . 第 2 辑 : 总第 56 辑 /《检察技术与信息化》编委会编 . -- 北京 : 中国检察出版社 , 2024. 11.

ISBN 978-7-5102-3009-7

Ⅰ . D926.3-39

中国国家版本馆 CIP 数据核字第 2024UL1522 号

检察技术与信息化 2024 年第 2 辑

执行主编 刘 喆
执行副主编 贺德银 钟福雄 冯 涛 刘 朔
责任编辑 吕亚萍
美术编辑 徐嘉武
技术编辑 王英英
社 址 北京市石景山区香山南路 109 号（100144）
网 址 中国检察出版社（www. zgjccbs. com）
编辑电话 （010）86423787
发行电话 （010）86423726 86423727 86423728
（010）86423730 86423732
经 销 新华书店
印 刷 北京联合互通彩色印刷有限公司
成品尺寸 185 mm × 260 mm
印 张 10
字 数 210 千字
版 次 2024 年 11 月第一版
印 次 2024 年 11 月第一次印刷
书 号 ISBN 978-7-5102-3009-7
定 价 75.00 元

2024年《检察技术与信息化》征订通知

《检察技术与信息化》是由最高人民检察院张雪樵副检察长担任总主编、最高人民检察院检察技术信息研究中心刘喆主任担任执行主编，最高人民检察院主管，最高人民检察院检察技术信息研究中心和中国检察出版社共同主办的指导性读物（连续出版物）。

自2013年创刊以来，本刊凝聚全国检察技术信息人员的智慧和心血，受到了广大检察科技和业务人员的认可和欢迎。它是全国检察技术信息化部门开展业务工作的重要指导，是检察技术信息化工作的交流学习平台和宣传阵地，对各地正确、有效地开展检察技术和信息化工作具有重要的指导作用，对检察技术信息化实务工作和理论研究具有重要的借鉴意义，对帮助广大检察技术信息化人员以及信息技术爱好者了解最新检察技术信息动向具有重要的参考价值，也为广大技术与信息化爱好者提供了交流平台。

2024年《检察技术与信息化》继续面向全国公开发行，请各级检察院技术信息化部门根据实际情况，采取有效措施，积极踊跃征订，以满足相关院领导、检察技术信息化人员和有关业务单位、业务部门人员的用书需求。《检察技术与信息化》全年共四辑，每辑定价75元，四辑以整套形式订阅，合计300元（免邮寄费）。

中国检察出版社

2023年11月

2024年《检察技术与信息化》订阅回执单

（汇款必传）

<table>
<tr><td>订购单位名称</td><td colspan="2"></td><td>收书人</td><td></td></tr>
<tr><td>地　址</td><td colspan="2"></td><td>电　话</td><td></td></tr>
<tr><td colspan="2">纳税人识别号</td><td colspan="3"></td></tr>
<tr><td colspan="2">电子发票接收邮箱</td><td colspan="3"></td></tr>
<tr><td colspan="2">名　称</td><td>定价</td><td>订　数</td><td>金　额</td></tr>
<tr><td colspan="2">2024年《检察技术与信息化》</td><td>300.00</td><td></td><td></td></tr>
<tr><td colspan="2">合计金额（大写）</td><td colspan="3">大写：　万　仟　佰　拾　元整</td></tr>
<tr><td colspan="5">备注：款到三个工作日左右，发票发送至您的邮箱！</td></tr>
</table>

订购方式说明

第一种：网站订购（www.zgjccbs.com）（不用发传真、款到开票）

1. 网站下单，直接在线支付（微信、支付宝）
2. 网站下单，银行汇款需备注订单编号后6位数字

网站订购负责人　张　惠　010-86423745、18101137669　技术咨询　010-86423763

第二种：微信订购（仅支持微信在线支付）

1. 使用微信扫描右侧二维码可直接在线订购
2. 了解最新书讯请关注“中国检察出版社”微信公众号

第三种：传真订购

书款汇至出版社账号后，请传真订书回执单至010-68659465

中国检察出版社账户信息

户　名：中国检察出版社有限公司　　**开户行：**建设银行北京西山枫林支行

账　号：11050164860000000056　　**行　号：**105100050751

中国检察出版社各省订购负责人：

盛　丹　010-86423727　18101137660（微信同号）　传真　010-68659465

（北京、天津、山西、陕西、河北、黑龙江、吉林、辽宁、内蒙古、青海、山东）

董艳芬　010-86423726　18101137661（微信同号）　传真　010-68659465

（河南、浙江、江苏、安徽、上海、福建、甘肃、江西、新疆、西藏）

薛建娜　010-86423728　18101137662（微信同号）　传真　010-68659465

（广东、广西、海南、重庆、四川、云南、贵州、湖北、湖南、宁夏）